全国革命老区县发展史丛书·广东卷

广州市海珠区革命老区发展史

广州市海珠区革命老区发展史编委会 编

SPM 南方出版传媒·广东人民出版社
·广州·

图书在版编目（CIP）数据

广州市海珠区革命老区发展史 / 广州市海珠区革命老区发展史编委会
编 . —广州：广东人民出版社，2020.12
　（全国革命老区县发展史丛书·广东卷）
　ISBN 978-7-218-14661-4

　Ⅰ . ①广…　Ⅱ . ①广…　Ⅲ . ①区(城市)—地方史—广州　Ⅳ .
①K296.54

中国版本图书馆CIP数据核字（2020）第239100号

GUANGZHOU SHI HAIZHU QU GEMING LAOQU FAZHANSHI
广州市海珠区革命老区发展史
广州市海珠区革命老区发展史编委会　编

出 版 人：肖风华

责任编辑：梁　晖
装帧设计：张力平等
责任技编：周星奎

出版发行：广东人民出版社
地　　址：广州市海珠区新港西路 204 号 2 号楼（邮政编码：510300）
电　　话：（020）85716809（总编室）
传　　真：（020）85716872
网　　址：http://www.gdpph.com
印　　刷：广州市浩诚印刷有限公司
开　　本：715mm×995mm　1/16
印　　张：11.875　　　插　页：14　　字　数：150 千
版　　次：2020 年 12 月第 1 版
印　　次：2020 年 12 月第 1 次印刷
定　　价：50.00 元

如发现印装质量问题，影响阅读，请与出版社（020-85716849）联系调换。
售书热线：（020）85716826

广东省编纂《革命老区县发展史》丛书
指导小组

组　　长：陈开枝（广东省老区建设促进会会长）

副组长：林华景（广东省老区建设促进会常务副会长）

　　　　宋宗约（广东省农业农村厅二级巡视员、广东省老
　　　　　　　　区建设促进会副会长）

　　　　刘文炎（广东省老区建设促进会副会长）

　　　　郑木胜（广东省老区建设促进会副会长）

　　　　姚泽源（广东省老区建设促进会副会长兼秘书长）

　　　　谭世勋（广东省老区建设促进会副会长）

　　　　廖纪坤（广东省农业农村厅总经济师）

办公室

主　　任：姚泽源（兼）

副主任：韦　浩（广东省农业农村厅扶贫协作与老区建设处
　　　　　　　　处长）

　　　　柯绍华（广东省老区建设促进会副秘书长）

　　　　伍依丽（广东省老区建设促进会副秘书长）

广州市编纂《革命老区县发展史》丛书
指导小组

组　　长：黄小晶（中共广州市委党史文献研究室主任）
副组长：胡巧利（中共广州市委党史文献研究室副主任）
成　　员：周艳红　董泽国

《广州市海珠区革命老区发展史》编纂委员会

（排名不分先后）

主　任：陆世泽

委　员：王榕莉　陶丹丹　黄智勇　许宝源　黄毅平
　　　　黄晓葵　金嫣霞　李德海　尹　炜

编辑部

主　编：黄毅平

成　员：陈炳恒　罗丽斯　孔　娜　吴姿其　郑育豪

在举国欢庆新中国成立 70 周年前夕，中国老区建设促进会王健会长请我为《全国革命老区县发展史》丛书作序，作为一名在老区战斗过并得到老区人民生死相助的老兵，回首往事，心潮澎湃，感慨万千，深感义不容辞，欣然应允。

中国革命老区，是以毛泽东为代表的中国共产党人在领导人民推翻帝国主义、封建主义和官僚资本主义三座大山，争取民族独立和人民解放伟大斗争中建立的革命根据地，在这片红色的土地上，诞生了无数可歌可泣的革命英雄儿女，为后人树起了一座不朽的丰碑，她是新中国的摇篮，是党和军队的根。

在艰苦卓绝的战争年代，老区人民把自己的命运与中华民族的命运紧紧地联系在一起，与中国共产党和人民军队的命运紧紧地联系在一起，他们生死相依，患难与共。我曾亲历过战争年代，并得到过老区红哥红嫂的救助，切身感受到发生在身边的一幕幕撼天动地的革命故事，在那极其艰难的条件下，老区人民倾其所有、破家支前，不怕艰难困苦，不怕流血牺牲。"最后一碗米送去做军粮，最后一尺布送去做军装，最后一件老棉袄盖在担架上，最后一个亲骨肉送去上战场"，这是当时伟大的老区人民为建立新中国做出巨大牺牲的真实写照，它将永远镌刻在中国共产党、中国人民解放军、中华人民共和国的历史丰碑上。他们的光辉业绩永载史册，他们的革命精神必将影响一代又一代的革命新人，造就一代又一代的民族脊梁。

在社会主义革命和建设时期，革命老区和老区人民响应党的号召，面对落后的面貌、脆弱的经济、恶劣的生态环境，他们本色不变，精神不丢，自力更生，艰苦奋斗，干一行爱一行。始终坚持"革命理想高于天"，自觉做共产主义远大理想的坚定信仰者和忠实实践者，勇于向恶劣的自然环境和贫穷落后宣战，他们在各条战线上为国建功立业，用平凡的双手创造了一个又一个不平凡的奇迹，彰显了老区人的崇高精神和人格力量。

在改革开放的伟大进程中，老区人民解放思想，勇于创新，发奋图强，攻坚克难，老区的经济社会建设取得了辉煌成就。特别是在改变中国的面貌、中华民族的面貌、中国人民的面貌、中国共产党的面貌的伟大实践中发挥了至关重要的作用。老区人民既是改革开放的参与者，也是改革开放的推动者。

艰苦练意志，危难见精神。老区人民在近百年的革命战争、社会主义建设和改革开放的伟大实践中，孕育形成了伟大的老区精神：爱党信党、坚定不移的理想信念；舍生忘死、无私奉献的博大胸怀；不屈不挠、敢于胜利的英雄气概；自强不息、艰苦奋斗的顽强斗志；求真务实、开拓创新的科学态度；鱼水情深、生死相依的光荣传统。这是党和人民宝贵的精神财富、丰厚的政治资源，是凝心聚力、振奋民族精神的重要法宝，也是社会主义核心价值观的重要内容。

中国老区建设促进会怀着强烈的政治责任感和历史使命感，组织全国各地老促会人员克服困难，尽心竭力编纂《全国革命老区县发展史》丛书，记录老区的光辉历史和辉煌成就，传承红色基因，弘扬老区精神，是功在当代、利及千秋的一件大事。手捧这部丛书的部分书稿，读着书中的故事，倍感亲切，深感这部丛书具有资政、育人、存史的社会功能，有着重要的时代和历史价值。它是不忘初心、牢记使命的源头活水，是赞颂共产党、讴歌老区人民的一部精品力作，是弘扬老区精神、传承红色记忆的丰厚载体，是一项继承优秀传统文化、弘扬革命文化、发展社会主义先进文化，坚定"四个自信"的宏大文化工程。它必将成为一种文化品牌，为各界人士了解老区宣传老区支持老区提供一部有价值的研究史料。希望读者朋友们能从中了解并牢记这些为党和民族的利益不断奉献的老区人民，从中得到教益，汲取人生奋斗的精神动力。

新时代赋予新使命，新起点开启新征程。让我们更加紧密地团结在以习近平同志为核心的党中央周围，坚持以习近平新时代中国特色社会主义思想为指导，增强"四个意识"，坚定"四个自信"，做到"两个维护"，弘扬老区精神，铭记苦难辉煌。为实现"两个一百年"奋斗目标，实现中华民族伟大复兴的中国梦作出新的更大的贡献！

谭泽田

2019 年 4 月 11 日

　　2017年6月，中国老区建设促进会组织全国各地老促会启动编纂《全国革命老区县发展史》丛书，按照"建立中国共产党、成立中华人民共和国、推进改革开放和中国特色社会主义事业"三大里程碑的历史脉络，系统书写革命老区百年历史，深入挖掘革命老区红色文化资源，这对于充实丰富中国革命史籍宝库、在新时代传承红色基因、弘扬革命精神、强固根本，对于激励人们在新的历史条件下夺取中国特色社会主义伟大胜利，实现中华民族伟大复兴的中国梦具有重要意义。

　　丛书编纂以习近平新时代中国特色社会主义思想为指导，以《中国共产党历史》《中国共产党的九十年》等重要文献为基本依据，以党的领导为核心，以老区人民为主体，以老区发展为主线，体现历史进程特征，突出时代发展特色，坚持辩证唯物主义和历史唯物主义相统一、历史真实性与内容可读性相统一的原则，书写革命老区从站起来、富起来到强起来的光辉革命史、不懈奋斗史、辉煌成就史，把老区人民的伟大贡献、伟大创造、伟大成就、伟大精神充分展示出来，形成一部具有厚重历史特征和鲜明时代特色的精品力作。这是一部培根铸魂、守正创新，既为历史立言，又为时代服务，字里行间流淌着红色血脉、催生着革命激情的传世之作。丛书的编纂出版将成为讴歌党讴歌人民讴歌时代、传播红色文化、为革命老区和老区人民树碑立传的重要载体。

丛书按照编年体与纪事本末体相结合、以编年体为主的编写体例确定框架结构；运用时经事纬、点面结合的方式记述史实；坚持人事结合、以事带人的原则处理人与事的关系；采取夹叙夹议、叙论结合以叙为主的方法展开内容。做到了史料与史论、历史与现实、政治与学术统一，文献性、学术性、知识性相兼容。

为编纂好《全国革命老区县发展史》丛书，打造红色文化品牌，中国老区建设促进会认真组织积极协调，提出政治立场鲜明、史料真实准确、思想论述深刻、历史维度厚重、时代特色突出、编写体例规范、篇目布局合理、审读把关严格、出版制作精良的编纂出版总要求，力求达到革命史籍精品的精神高度、思想深度、知识广度、语言力度，增强丛书的权威性和社会影响力。各省（区、市）、市（州、盟）、县（市、区、旗）老促会的同志，以强烈的使命感、责任感和紧迫感，勇于担当，积极作为，认真实施，组织由老促会成员、专家学者等参加的十余万人编纂队伍。编纂工作主体责任在县，省、市组织协调、有力指导、审读把关。各方面人员以高度负责的精神和科学严谨的态度，满腔热情地投入工作，为丛书编纂出版作出了重要贡献。丛书编纂工作还得到了党和国家有关部委、地方各级党委政府及有关部门的大力支持和积极参与，社会各界也给予了热情帮助。中共中央政治局原委员、中央军委原副主席、原国务委员兼国防部长迟浩田上将，对老区人民怀有深厚感情，对革命老区建设发展十分关注，欣然为《全国革命老区县发展史》丛书作总序。

丛书由总册和 1599 部分册（每个革命老区县编纂 1 部分册）组成，共 1600 册。鉴于丛书所记述的史实内容多、时间跨度长和编纂时间紧，不妥之处，敬请批评指正。

中国老区建设促进会

● 今日海珠 ●

"创新名片"：广州人工智能与数字经济试验区琶洲核心片区（效果图）

"文旅名片"：广州塔

"商贸名片"：广交会

"生态名片"：海珠湿地

"教育名片"：中山大学

"艺术名片"：十香园（黄锡昆摄）

建设中的广州人工智能与数字经济试验区琶洲核心片区

中大国际创新谷

海珠创新湾（效果图）

海珠湖

有轨电车
（周宗毅摄）

琶醍

太古仓

保利天幕塔
（梁志远摄）

海珠碧道建设

整治后的磨碟沙涌

同福西路骑楼街

T.I.T创意园

南洲立交
（郑树强摄）

海珠同创汇

琶洲建设者之家

广州创投小镇

海珠区完成2017年
广州《财富》全球
论坛举办任务

2019中国人力资本
国际管理论坛在海
珠区举行

● 人文海珠 ●

黄埔古港

邓世昌纪念馆

小洲人民礼堂
（吴国仁摄）

七星岗古海岸
遗址

海幢寺

纯阳观
（胡晓红摄）

● 海珠往昔 ●

1949年12月,蒙圣区人民政府成立

1950年初,洪德区召开各界人民代表大会

1949年12月,海幢区人民政府成立

20世纪60年代的
海珠桥

旧时水上居民浮
家泛宅模样

建设后的滨江一带水上居民住宅群

广州造纸厂生产场景

广州重型机械厂生产场景

广州造船厂制造的华南第一艘万吨级远洋货轮"辽阳号"

1979年6月，海珠区最早开办的"三来一补"企业手表装配厂

珠江啤酒厂于1985年建成投产，是最早引进国外技术、最早打入国际市场的重点企业之一

万宝电器工业公司于1985年成立，1987年成为当时中国规模最大、冰箱产量最多、技术设备先进、经济效益居全国同行业首位的家电企业

20世纪90年代初在土华村渡头建成的新滘镇土华村镇泰玩具厂

1992年南华西街建成第五工业区

1985年1月,广州市委、市政府在南华西街召开现场会,推广南华西街两个文明建设经验

1983年3月，全国第一家由农民集资建设的星级酒店——江南大酒店

新滘镇名优水果鸡心黄皮喜获丰收

新滘镇名优水果胭脂红番石榴

● 遗址照片 ●

孙中山大元帅府

孙中山大元帅府（侧景）

第一次全国劳动大会旧址外景（陈炳恒摄）

第一次全国劳动大会旧址内景

廖仲恺何香凝纪念馆

中共南石头监狱特别
支部旧址

卫国尧烈士故居外景
（陈炳恒摄）

卫国尧烈士纪念馆
内景

陈复烈士墓外景
（陈炳恒摄）

陈复烈士墓内景

● 村里往事 ●

沥滘牌坊

志宇卫公祠

大榕树下

沥滘大埠头

五约埠头（沥滘经
济联合社供图）

岭南水乡（沥滘经
济联合社供图）

保留完整的蚝壳屋（沥滘经济联合社供图）

蔬菜生产基地（沥滘经济联合社供图）

杨桃丰收（海珠区国家档案馆供图）

社员交售龙眼（海珠区国家档案馆供图）

赛龙舟（周宗毅摄）

沥滘城中村改造签约现场

沥滘城中村改造项目（效果图）

微信扫描二维码
您立即开展本书的
延伸阅读。

　　为深入贯彻习近平总书记关于"革命老区是党和人民军队的根，我们永远不能忘记自己是从哪里走来的，永远都要从革命的历史中汲取智慧的力量"的重要指示精神，深入挖掘海珠区史料及红色文化，弘扬老区精神，传承红色基因，海珠区委党史研究室在相关单位的帮助下，编纂出版《广州市海珠区革命老区发展史》一书，记录那一段用生命与鲜血哺育革命力量、用牺牲与斗争铸就革命精神的历史，为新时代建设发展凝聚智慧和力量。

　　中国革命老区是指土地革命战争时期和抗日战争时期，在中国共产党领导下创建的革命根据地。在新民主主义革命时期，海珠区一直是中共在广州开展地下工作、坚持长期斗争的重要据点之一。在河南地区（今海珠）召开了第一次全国劳动大会，引导中国工人阶级走向团结；白色恐怖期间，陈复等先烈坚持开展党的地下工作，为革命献出了生命。熊雄等共产党人被囚于南石头监狱后，孕育发展了中共南石头监狱特别支部，领导狱友积极斗争；抗日战争期间，卫国尧等受组织委托在沥滘建立抗日秘密据点，智擒沥滘汉奸恶霸"八老虎"，极大地鼓舞了斗争的信心和勇气。中华人民共和国成立后，海珠区沥滘村被划评为革命老区村。

　　"我们不但善于破坏一个旧世界，我们还将善于建设一个新世界"①。本书通过记述海珠区人民特别是沥滘村人民在中国共产党的领导下，开展革命斗争、进行社会主义建设、践行改革开放、走进新时代取得骄人业绩的光辉历程，肯定了海珠区人民坚持斗争、艰苦奋斗的精神和贡献，总结海珠区建设发展为现代化中心城区的经验，展示新时代海珠区在实现老城市新活力、"四个出新出彩"中走在前列的伟大成就。

由于海珠区仅有沥滘村是革命老区村，因此可参考的史料素材少，革命斗争时期的史料更缺乏。在编纂过程中，为突出老区村特色，编纂小组采取小切口、深挖掘方式，深入挖掘沥滘村有关史料，并在篇章结构上将沥滘村独立成节，表述力求图文并茂、通俗易懂，争取全面、具体、翔实叙述海珠区和沥滘村深厚的革命传统、红色历史及发展史，做到历史的真实性、事件的准确性与内容的可读性相统一，着力展现革命老区新时代焕发的新活力。

编　者

2020年8月

---

① 《毛泽东选集》（第四卷），人民出版社1991年，第143页。

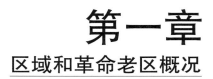

第一章

区域和革命老区概况

　　海珠区是广州市的现代化中心城区，总面积90.4平方千米，是一个为珠江广州河段前、后航道环绕的绿色岛区，被誉为"海上明珠"。截至2019年，全区常住人口177.42万人，户籍人口106.73万人，辖18个街道、265个社区和20个经济联合社。海珠区有六张"名片"："创新名片"广州人工智能与数字经济试验区琶洲核心片区、"文旅名片""小蛮腰"（广州塔）、"商贸名片"广交会、"生态名片"海珠湿地、"教育名片"中山大学、"艺术名片"十香园。

第一节 基本情况

一、历史沿革

（一）"河南"得名由来

海珠区俗称"河南"，新中国成立之初称河南区。"河南"之得名，一般认为是因其位于广州珠江南岸的缘故，但若取珠江南岸之义应称"江南"而非"河南"，故尚有一种说法，称源于"飞雪盈松"的典故。据清初屈大均《广东新语》中所记："广州南岸有大洲，周回五六十里江水四环，名'河南'。人以为珠江之南，故曰'河南'非也。……河南之得名自孚（杨孚）始。"屈大均否定了"河南"得名是由于位于广州珠江南岸的说法，认为"河南"得名来源于杨孚。杨孚从当时的东汉京都河南洛阳辞官回到下渡村，带回几株洛阳松树，植于住宅前。有一年冬天，松树竟满树白雪，十分壮观，人们觉得很奇怪，都说是杨议郎把河南洛阳的瑞雪也带回来了，于是把杨孚居住的地方称为"河南"。

"河南"的范围在不同的时期也有广义和狭义之别。东汉至明代以前，河南泛指整个河南地区，即今海珠地区。明清至民国时期，由于河南地区西北部的开发，城区逐步发展，人们习惯将当时广州珠江南岸西起白鹅潭，东止"河南尾"（今草芳围），面积约3平方公里的城区部分称"河南"，这是狭义上的河南。

新中国成立后，"河南"的范围习惯上是指整个海珠地区。

（二）"海珠"得名由来

海珠是现区名，得名于古代广州珠江中的海珠石。海珠石与海印石、浮丘石合称"广珠三石"，又称"羊城三石""珠江三石"。在古代广州珠江河段中，海珠石居中，海印石在东，浮丘石在西。清代屈大均的《广东新语》、李调元的《粤东笔记》、范端昂的《粤中见闻》对"珠江三石"均有记载。《粤中见闻》记曰"广城南海中，有片石涌出水面，广袤数十丈。相传有贾胡持摩尼球至此，珠飞入水，浦曰沉珠，其石曰海珠"。书中还记述了海珠石上有慈庆寺，种有古榕，清顺治年间筑有炮台等。宋代时海珠石是羊城八景之一，称"珠海晴澜"。

因长年受泥沙冲积，海珠石与珠江北岸陆地部分连接，1928年被辟为海珠公园，1931年扩筑新堤（今沿江西路）时与珠江北岸连成一片。1932—1933年修筑建成的海珠路和海珠桥均以此命名。1960年8月，改名为海珠区，取其"海上明珠"之意。

二、建制沿革与行政区划

海珠地区（河南地区）春秋时为百越地，战国时期属楚。秦始皇三十三年（公元前214年）设南海郡，海珠地区属南海郡番禺县。汉高祖三年（公元前204年），南海郡尉赵佗自立为南越武王，后称南武帝，属南越国番禺。汉元鼎六年（公元前111年），汉军平南越国，复置南海郡，属南海郡番禺县。三国黄武五年（226年），东吴划合浦以北为广州，辖南海等4郡，属广州南海郡番禺县。隋开皇十年（590年），撤番禺县为南海县，属广州总管府南海县。唐武德四年（621年），复置番禺县（另有一说是长安三年，即703年），仍属广州番禺县，当时县治设在"江南洲"（今海珠地区）。宋开宝五年（972年），番禺县并入南海县，属广州府南海县。此后，从明、清时期至民国初年，海珠地区一直隶属番禺县管辖。

1921年，海珠地区的城区（市区）部分划归广州市管辖，广州市区界线至河南小港（今晓港公园附近）。1937年7月，原属番禺县的河南乡村（今新滘地区）部分划归广州市管辖。至此，整个海珠地区已隶属广州市管辖。全面抗日战争时期，河南乡村部分暂归番禺县代管，抗战胜利后复归广州市管辖。

1949年10月14日广州解放后，广州市人民政府对市行政区划进行调整。1949年11月，将沥滘、敦和、公和区合并为沥滘区，彬社区改名为新洲区。此时，海珠地区共有蒙圣、海幢、洪德、沥滘、新洲5个区，其中蒙圣、海幢、洪德3个城区各设7个街道办事处。

1950年7月，蒙圣、海幢、洪德3个城区合并，成立河南区人民政府，分设19个街道办事处。1954年6月，市政府撤销芳村区建制，将其管辖的芳村、花地、山村、冲口4个镇划入河南区。1956年，河南区改成南区，从郊区划入新港街、瑶头镇。1959年，从珠江区划入永兴街和花地街。1960年5月，南区成立海珠人民公社，新滘人民公社从郊区划入，全区设9个人民公社。

1960年8月，南区改称海珠区。1961年8月恢复街道办事处建制，全区设12个街道，新滘人民公社划归芳村区。

1986年6月，赤岗街、新滘区公所划入海珠区。1987年3月，新滘区公所改称新滘镇。

1990年，全区共辖19个街道、1个镇，分设303个居民委员会、18个村民委员会。

1996年9月，成立凤阳街道办事处，全区共有20个行政街。

1998年7月，区内进行行政区划调整，将原20个行政街调整为12个。赤岗、南石头、新港、沙园街行政区域不变。凤阳街行政区域扩大至整个五凤村。宝岗、海幢、跃龙街合并,取名海幢街;南华西、洪德街合并,取名南华西街;纺织、滨江街合并,取名滨江街;基立、素社街合并,取名素社街;小港、江南中街合并,取名江南中街;昌岗中、晓港街合并,取名昌岗街;凤凰、二龙街合并,取名龙凤街。12月,新成立瑞宝街、江海街,全区共有14个行政街。

2001年8月10日,成立南洲街和琶洲街。

2002年4月22日,成立官洲街、华洲街,同时撤销新滘镇,全区共设18个行政街。

2019年,海珠区设18个行政街。

1949年11月至2019年12月海珠区区划变化情况表

时间	辖内街、镇、公社、乡名称	数目	备注
1949年11月	洪德南、洪德北、凤凰东、凤凰西、岐聚、龙鹤、南华西、福场、龙导、龙田、宝龙、南华中、同福中、同庆、草芳、公正、跃龙、同福东、南田、纺织、迎祥街	21个街道办事处	1949年10月广州解放后,河南城区的蒙圣、海幢、洪德3个区,分别成立区人民政府,各设7个行政街
1950年7月	洪德南、洪德北、凤凰东、凤凰西、岐聚、龙鹤、南华西、福场、龙导、龙田、宝龙、南华中、同福中、草芳、公正、跃龙、同福东、南田、纺织街	19个街道办事处	1950年7月,蒙圣、海幢、洪德3个区合并成立河南区。撤销同庆、迎祥2个街
1952年	同福中、南华中、同福西、龙田、洪德南、洪德北、海幢、凤凰、草芳、南华西、龙导、纺织、跃龙、南箕街,南箕、沙园乡	14个街道办事处,2个乡	撤销凤凰东、凤凰西,成立凤凰街;撤销岐聚、龙鹤街,成立同福西街;撤销福场、宝龙街,成立海幢街;撤销公正街,同福东街并入跃龙街

（续上表）

时间	辖内街、镇、公社、乡名称	数目	备注
1953年	小港、纺织、跃龙、南华中、同福中、龙田、龙导、南华西、洪德、凤凰、南边街	11个街道办事处	1953年撤销草芳、南田街，成立小港街，同福西并入南华西街，洪德南、洪德北合并为洪德街，撤销海幢街，并入龙导街
1956年6月至1958年8月	小港、纺织、跃龙、南华中、同福中、芳村、山村、新港、瑶头、龙田、龙导、南华西、洪德、凤凰、南边街	15个街道办事处	1954年6月，接管芳村、山村、花地、冲口4个镇。1956年8月，成立芳村、山村街道办事处，同时接管新港街、瑶头镇，将瑶头镇改为街道办事处
1958年8月至1960年5月	小港、纺织、跃龙、新港、南华中、同福中、二龙、南华西、洪德、凤凰、南边、永兴、花地、芳村、山村街	15个街道办事处	1958年8月，将龙导、龙田街合并称二龙街，瑶头街并入新港街。1959年2月，从珠江区划入永兴街，同年4月划入花地街
1960年5月至1961年8月	新滘、五凤、康乐园、小港、海幢、洪德、沙园、石溪、宝岗	9个公社	1960年5月，成立海珠人民公社。海珠人民公社下设9个公社，但行政职能仍由区人委行使。1960年8月，河南区改称海珠区
1961年8月至1966年5月	新港、小港、纺织、跃龙、宝岗、海幢、二龙、南华西、洪德、凤凰、沙园、南石头街	12个街道办事处	1961年8月，恢复街道办事处建制，新滘人民公社划归芳村区

（续上表）

时间	辖内街、镇、公社、乡名称	数目	备注
1966年5月至1980年12月	新港、小港、纺织、跃龙、滨江、宝岗、海幢、二龙、南华西、洪德、凤凰、沙园、南石头街	13个街道办事处	1966年5月，"文化大革命"开始。1968年2月，海珠区成立革命委员会，同年4月，各街先后成立革命委员会。1980年2月，各街先后恢复办事处名称
1980年12月至1986年6月	新港、小港、纺织、滨江、跃龙、海幢、宝岗、二龙、南华西、洪德、凤凰、沙园、江南中、晓港、基立、南石头、素社、昌岗中街	18个街道办事处	1984年12月，成立江南中街。1985年2月，成立昌岗中街。1985年5月，成立晓港街。1985年8月，成立素社街。1985年10月，成立基立街
1986年6月至1996年8月	新港、小港、纺织、滨江、跃龙、海幢、宝岗、二龙、南华西、洪德、凤凰、沙园、江南中、晓港、基立、南石头、素社、昌岗中、赤岗街，新滘镇	19个街道办事处，1个镇	1986年6月，从郊区划入赤岗街和新滘区公所。1987年3月，新滘区公所改称新滘镇
1996年9月至1998年6月	新港、小港、纺织、滨江、跃龙、海幢、宝岗、二龙、南华西、洪德、凤凰、沙园、江南中、晓港、基立、南石头、素社、昌岗中、赤岗、凤阳街，新滘镇	20个街道办事处，1个镇	1996年9月，成立凤阳街

（续上表）

时间	辖内街、镇、公社、乡名称	数目	备注
1998年7月至1998年11月	赤岗、南石头、新港、沙园、凤阳、海幢、南华西、滨江、素社、江南中、昌岗、龙凤街，新滘镇	12个街道办事处，1个镇	1998年7月，宝岗、跃龙、海幢街合并为海幢街，南华西、洪德街合并为南华西街，纺织、滨江街合并为滨江街，基立、素社街合并为素社街，小港、江南中街合并为江南中街，昌岗中、晓港街合并为昌岗街，凤凰、二龙街合并为龙凤街
1998年12月至2001年7月	赤岗、南石头、新港、沙园、凤阳、海幢、南华西、滨江、素社、江南中、昌岗、龙凤、瑞宝、江海街，新滘镇	14个街道办事处，1个镇	1998年12月，成立瑞宝街、江海街
2001年8月至2002年3月	赤岗、南石头、新港、沙园、凤阳、海幢、南华西、滨江、素社、江南中、昌岗、龙凤、瑞宝、江海、南洲、琶洲街，新滘镇	16个街道办事处，1个镇	2001年8月，成立南洲街、琶洲街
2002年4月至今	赤岗、南石头、新港、沙园、凤阳、海幢、南华西、滨江、素社、江南中、昌岗、龙凤、瑞宝、江海、南洲、琶洲、官洲、华洲街	18个街道办事处	2002年4月，成立官洲街、华洲街、撤销新滘镇

三、区域自然资源

（一）土地资源

海珠区地带性土壤为赤红壤，母质为砂页岩，形成砂页岩赤红壤。平原区域的土壤为三角洲沉积土，经长期人工耕作，土壤熟化程度高，地势较高的成为果园、菜地，次之为菜田，地势低洼处为菜塘。果园主要分布在辖区东部和东南部，属瑞宝、东风、土华、小洲、官洲、仑头、北山、龙潭、黄埔、琶洲、赤沙等经济联社，传统种植杨桃、荔枝、龙眼、香蕉、甜橙、番石榴、黄皮、木瓜、菠萝、乌榄、柿、李等果树。

（二）气候特征

海珠区气候属亚热带季风气候，海洋性气候特征特别显著，大部分区域不受"城市热岛"效应影响，具有温暖多雨、光热充足、温差较小、夏季长、霜期短、干湿季节明显等气候特征。冬、夏季风交替是区内季风气候的突出特征。冬季吹偏北风，干燥寒冷；夏季吹偏南风。夏季风转换成冬季风一般在9月份，而冬季风转换为夏季风则在4月份。雨量充沛，降雨量以夏季最多，冬季最少。由于水热同期，极利于作物生长。

（三）水源特征

海珠区由珠江水系广州河段前、后航道环绕。北支称前航道，由白鹅潭往东至黄埔；南支称后航道，包括南河水道、沥滘水道、官洲水道，由白鹅潭往南经洛溪大桥、官洲沙至黄埔。辖区内的水网自成体系，主要由三大水网系统组成：西北部的海珠涌（马涌）水系、东北部的黄埔涌水系和南部的赤沙滘水系。前、后航道上游受来自流溪河、北江和西江的部分径流影响。下游受来自南海经虎门进入的潮汐作用，因此前、后航道属径流和潮流共同作用的河段。洪水季节以径流为主，枯水季节以潮流为主。潮汐类型属于不规则半日混合潮，每天有2次涨潮和2次落潮，由虎门进入的潮流经狮子洋至黄埔附近分两支进入前、后航道，潮汐动力也开始沿程递减。区内河网纵横，大部分平原区地势低洼，有些围堤内的农田甚至低于珠江正常高水位。

四、经济社会发展情况

近年来，海珠区坚持新发展理念，牢牢把握机遇，主动迎接挑战，以深化改革促转型，创新驱动谋发展，全面加快现代化中心城区建设，奋力在广州实现老城市新活力、"四个出新出彩"中走在前列，推动经济社会发展取得新成效。

经济发展迈上新台阶。2013年至2018年，全区地区生产总值从1170.46亿元增至1881.48亿元，全区地区生产总值占全市的比重从7.5%提升至8.0%，年均增长8.7%，经济实力逐步增强。全区税收收入从155.64亿元增至243.97亿元，年均增长9.4%，一般公共预算收入从46.63亿元增至54.07亿元，年均增长3.0%，财税收入平稳增长。淘汰落后产业，引进新兴高新产业，三次产业结构从0.2：14.6：85.2，调整为0.1：15.1：84.8，产业结构不断优化。

新动能加速发展。新一代信息技术快速集聚发展，广州人工智能与数字经济试验区琶洲核心片区吸引了腾讯、阿里巴巴、唯品会、科大讯飞、小米等一批互联网巨头纷纷落户，带动了以新一代信息技术、人工智能、工业互联网等数字经济为主导的创新产业繁荣发展，2018年实现营业收入182.4亿元。2018年，高新技术企业数量突破700家，科技企业孵化器45家，总孵化面积66.72万平方米；高成长性中小企业增至189家。出台了鼓励新兴金融发展的政策，实施了资金奖励、机构组建、平台挂牌、论坛落户等系列举措，新兴金融要素加速集聚。总部型工业发展迅猛，受"退二"政策①影响，海珠区大批工业企业相继关停迁出，但通过引进中石油天然气、德高等总部型、集约型工业企业，工业产值规模不降反升。

基础设施不断完善。改革开放初期，海珠区仅有人民桥、

---

① "退二"政策通常是指在产业结构调整中，缩小第二产业。

海珠桥两座桥梁通往外区。经过几十年的努力，海珠区立体化交通网络建设发展迅猛，海印桥、广州大桥、解放桥、洛溪大桥、琶洲大桥、猎德大桥等陆续建成通车，目前已有17座跨江大桥及一条跨江隧道。区内建成了昌岗路、新港东路、新滘快速路、东晓南路、广州大道、宝岗大道等道路，建成地铁二、三、四、八号线和广佛线，广州首条有轨电车线路试验段（万胜围至广州塔）开通，环岛路建设扎实推进，"九横九纵"道路交通体系和"卅"形的轨道交通格局形成。争取到国家"只征不转"政策，一次性征地保护万亩果园，建成全市首个国家级湿地公园——海珠湿地。黄埔古村入选广东十大最美古村落。

　　社会民生加快建设。海珠区大力推进"幸福海珠"建设，居民收入不断增加，生活水平显著提高，实现了由基本温饱到总体小康并迈进富裕的历史性跨越。一大批中高档住宅小区陆续建成，海印公园、海珠湿地、海珠儿童公园等十几个公园相继建成开放，城区居住条件和环境极大改善。基本建立起比较完备的现代教育体系，义务教育由基本均衡迈向优质均衡，组建了五中、同福中路第一小学等教育集团，教学质量不断提升，成为省推进教育现代化先进区。通过深化医药卫生体制改革，建立覆盖全社会的卫生事业体系，完善包含"养老、失业、医疗、工伤和生育"五大险种的综合社会保险保障制度。在全市率先试点家庭医生签约服务，全区18个街道均建立了社区卫生服务中心。打造了岭南书画艺术节等具海珠特色的群众文化活动品牌，获得中国民间文化艺术之乡称号。

第二节 沥滘革命老区村概况

一、海珠区革命老区村评划情况

海珠区有革命老区村1个，即沥滘村。

根据广州市人民政府办公厅《关于增城县江南村等二十九个自然村补划为革命老区和芳村区裕安围等三十一个老区村补办老区手续的批复》（穗府办函〔1989〕207号）文记载，1963年12月6日，经广州市委同意，海珠区沥滘村被评为革命根据地（1963年老区字第16号文）。评划时沥滘村总人口4830人，总户数1250户，耕地面积3250亩。

二、沥滘村基本情况

沥滘村地处海珠区中南部，占地面积约4.3平方千米，南面濒临珠江后航道，北与三滘村接壤，西至北濠涌，东至番禺大桥。至2018年，沥滘村总人口11847人，总户数4678户。其中村民人口10767人，非村民人口1080人；现村民总户数4307户，非村民户数371户。至2019年，耕地面积共244.907亩。宋朝开村，现主要有卫姓居住，属下有北村、新渔村、大沙村、芒滘村等4个自然村。沥滘村是典型的南国水乡集镇型，中华人民共和国成立前是番禺县的水乡重镇，是粮食、片糖集散的圩市。这里河涌密布，四面环水，木艇昼夜穿梭，出门过桥渡河，仿如置身于苏杭水乡，别有一番风趣。

（一）行政区划

清康熙年间，沥滘地区称沥滘堡，属番禺县茭塘司管辖。清光绪年间，沥滘堡改称沥滘村。

1937年7月，原属番禺县的沥滘乡划归广州市管辖，不久改为沥滘区。1940年10月，沥滘区暂划番禺代管。1946年12月，复归广州市管辖。

1949年10月14日广州解放后，市人民政府对市行政区进行调整。1949年11月，沥滘、敦和、公和区合并为沥滘区。1951年10月，沥滘区、新洲区合并成立新滘区，隶属广州市管辖。1966年成立沥滘大队，1984年沥滘大队改称沥滘乡，1987年沥滘乡改称沥滘村，1990年沥滘村改称沥滘村委会，2001年10月12日成立了南洲街，原新滘镇所辖的沥滘村划归南洲街道办事处管理，2002年6月，海珠区开展"城中村"改制工作，全区农业户口到10月1日全部成建制转为居民户口，村委会的建制和农村管理体制自然撤销，包括沥滘村在内的村委会全部停止运作，临时成立改制工作办公室，到了2005年9月，全部街道、居委会完成了接管工作，各经济联社、经济合作社也完成了换届，各村临时成立的改制办全部撤销。

（二）区域自然资源

1．地质。沥滘村位于珠江三角洲冲积平原北部，河网密布，地貌类型为平原类型，区内土壤类型主要为菜园土。沥滘村内出露的地层为第四系（Q），按成因划分为第四系沉积型大类，构成平原水网地带为村内的主要农田地区。据钻孔及地表一些露头剖面资料，海珠区发现最早的第四系沉积物为距今约1.43万年，属晚更新世晚期，此后一直至现代均有第四系沉积物堆积。根据其形成环境又可分出河流冲积相、河海交互三角洲相及海积相沉积。

2．地貌。沥滘村为河海冲积的沙洲平原，河网密布，属于平原地貌。沥滘村海拔多在5米以下，地势低平，海潮可达。河涌众多，为典型的平原水网地带，易为洪水泛滥，常需堤围保护。平原的沉积物质细小，以灰黑色淤泥和粉砂质淤泥为主，下部和中部常出现粉砂至中细砂层，含蚝壳、蚶、蛤，有孔虫、托球虫、咸水硅藻等海相生物化石，也含有蚬、淡水硅藻、腐木等河口淡水生物化石。沉积层的厚度一般由台地向珠江河床轴部增大，在台地边缘一般4～9米，而在珠江干流和后航道沿岸则增大至12～18米，为良好农耕和果树等作物区。

3．气候。沥滘村属于亚热带季风气候，由于濒临珠江，河网密布，气候具有海洋性较强的特点，不受"城市热岛"效应影响。年平均气温21 ℃，最热为7月，平均气温28.4 ℃，最冷为1月，平均气温13.3 ℃，年温差15.1 ℃，全年无霜期长达338天，一年平均降雨量为1700毫米。每年4—8月是夏季风盛行季节，9月至次年3月盛行冬季风，有时会受热带风暴和台风侵袭。

4．植被。森林植被主要是分布在村落附近台地上的杂木林和人工栽培的马尾松林、小叶桉林、台湾相思林、竹林。庭园植被主要有乔木树种榕树、大叶榕、木棉、南洋杉、樟树、凤凰木、白兰花等。藻木主要有桂花、茶花、含笑、黄蝉、白蝉、大红花等。草本花卉有长春花、金栗兰、兰花、龙吐珠、仙人掌等。藤本植物有爆仗花、绿萝、使君子、鸡蛋果、五爪金龙、夜来香等。

5．水文。珠江后航道（又称南河道）位于沥滘村南面，包括南河水道、沥滘水道、官洲水道等3条水道，由白鹅潭经洛溪大桥、官洲沙至黄埔（大濠洲）处与前航道汇合，然后折向东南与东江干流相汇，再注入狮子洋出海。水系具有珠江三角洲的河网特色，汊道众多，主要由赤沙滘—石溪涌水系的水网系统组成。沥滘河道上有沙洲，如海心沙。平均河宽525米，平均水深5.08米，是入广州内港的主要水道。

赤沙滘—石溪涌水系全长近30千米，由长短不一、宽窄不等的弯弯曲曲潮汐水道组成，作为新滘镇围田区水利排灌和运输系统，滘口设有水闸。新中国成立后开挖运河，改造和整治了60多公里河涌，裁弯取直，以利交通。辖内河涌大部分明渠改暗渠，解决了"脏"的问题。

6. 土壤。沥滘村作为三角洲平原区域，其土壤为三角洲沉积土，开发时间早，土壤熟化程度高，经历年人工耕作，已高度熟化成为菜园土，地势较高的成为菜地，次之为菜田，地势较低洼积水处为菜塘等。

菜园土是长期栽培蔬菜而形成的高度熟化的耕作土。它具有深、松、肥沃的耕作层，蓄肥保水力强、通气性良好的底土层。此类土壤水、肥、气、热协调，耕作性能良好，宜种性广，适宜种植热带亚热带任何植物，最适宜种植蔬菜、花卉、水稻、甘蔗等。

土壤母质为三角洲沉积物，由珠江流域各江河河水挟带泥沙和海水悬浮物质共同沉积而成，土体深厚，土质黏重，层次明显。由于栽培蔬菜历史悠久，在耕作过程中采用淋灌、淋肥、常换土等管理方式，使土壤向独特熟化过程发育，形成耕作层深厚，土色乌黑潮润，土壤通气透水性强，供肥保肥性好，宜种性广的菜园土，按不同栽培方式主要分3个土属：菜田、菜地、菜塘。

7. 区域环境。沥滘村地处珠江三角洲平原，河网众多，大气和水体环境容量较大，污染物分解快，总体环境容量大，植被条件优越，具有自然环境优越、环境生态背景好的特点。辖区环境质量总体特征为：大气环境质量逐年改善，水环境污染较突出，近年经河涌整治后明显改善，环境质量得到控制，综合环境质量基本稳定。从发展趋势看，环境质量不容乐观。大气主要污染因素为降尘。总悬浮微粒介于国家二级至三级之间。

8．自然灾害。对沥滘村有影响的自然灾害主要有水灾和风灾，尤其是低温阴雨、干旱、洪涝、大风等影响较大。每年7—9月从西太平洋和南海海面上形成的热带风暴及台风，有可能对辖区农作物造成灾害。其中影响最大的是在惠东至台山之间和深圳至珠海沿海之间登陆的热带风暴及台风。台风带来暴雨，极易引起水灾。9月以后，在冬季风盛行初期，偶有中等偏强的冷空气南下，如出现在寒露节气前后，可形成"寒露风"天气；如出现在霜降节气前后，可形成"霜降风"天气；隆冬季节冷空气入侵时，可形成寒潮天气，对农业生产不利。

（三）自然村

沥滘村属下有大沙村、芒滘村、北村、新渔村等4个自然村。

1．大沙村。位于沥滘村的东端，全长2千米，南北宽度均为200米。南临珠江后航道，北靠南洲路，东至番禺大桥，西与新渔村接壤。现有人口768人，人口聚落呈丁字形。现有耕地400多亩，以农业为主，主种蔬菜，兼种木瓜、果蔗等水果。辖内有广州建港工程公司、珠江造船厂等国有企业，有与港商合资较大规模的威华自行车厂。大沙村是沥滘村辖内一个沙洲，形状似一条大贴沙鱼，四面环水，故称大沙。清朝中后期，一些流动渔民、雇工在此搭竹木棚栖身，昔日的大沙泷（河）宽达百多米，水深流畅，曾是广州开往广西梧州客轮的航道之一，鸦片战争时，它更是林则徐奋力抗英的重要海防之地。中华人民共和国成立后，经过对农田水利的不断改造，并将北面与沥滘村相隔的大沙泷

（河）堵塞造鱼塘，交通起了很大变化。

2．芒滘村。位于沥滘村东北端，与大沙村以公路相隔，北与土华村一河之隔。现有人口280人，人口聚落呈带状形。现有耕地115亩，以农业为主，主种蔬菜，部分种植龙眼。中华人民共和国成立前，该村河网交错，河边多为野生水芒（一种水生植物），故取名芒滘，中华人民共和国成立后改为芒滘村。

3．北村。位于沥滘村北部，南北走向，北接池滘村口（即滘洲公路），南至卫国尧纪念小学门口。该村原来是一河两岸，分为东大街、西大街。现已把河涌填平，建了一条长550米、宽5.5米的北村大道，路面为混凝土结构，两边的楼房为钢筋混凝土结构的楼房。现有农户48户162人，居民14户。由于该村位于沥滘的北部，故称为北村。

4．新渔村。位于沥滘村东南部，东西走向，东接轮渡公司大桥，南濒临珠江，西面连接沥滘一约。共有人口941人，东西走向修建一条水泥混凝土大路，辖内建有新渔公园。新渔村是由"新基"和"鱼咀"两个坊组成，合并后称"新渔"。新中国成立前，新基是一片农田，四周的基围种满了果树，故称为"新基"。新中国成立前，鱼咀是农田和果园，地形呈鲤鱼状，西面前端形似鱼嘴，故命名为"鱼咀"。

第二章
海珠区革命斗争史概况

　　海珠区有着光荣的革命传统。中华人民共和国成立前，"河南"地区一直是中国共产党在广州开展地下工作的重要据点之一。从第一次全国劳动大会的召开到中共南石头监狱特别支部的成立，从建立抗日秘密据点到智擒"八虎"，陈复、卫国尧等共产党人秉承着为中国人民谋幸福、为中华民族谋复兴的初心与使命，毅然投身革命，抛头颅、洒热血，书写了一个个可歌可泣的红色故事。

第一节 第一次全国劳动大会在广州河南地区召开

　　1922年5月1日，广州河南地区召开了由中国劳动组合书记部发起的第一次全国劳动大会。这是中国工人阶级第一次全国性的盛会，大会引导中国工人阶级走向团结，有效地促进了全国各地的工人运动。

　　这次大会是在全国工人运动高潮已经到来的形势下，由中国共产党倡议召开的。1921年7月中国共产党的诞生，使中国革命航船有了新的舵手，革命星火成燎原之势。党在组织、宣传、工人、青年等方面的工作逐步开展起来，根据既定纲领，以主要力量领导工人运动。1921年8月11日，为了贯彻中共一大提出的"党在当前的中心任务是组织工人阶级，加强党对工人运动的领导"的精神，中共在中国产业中心城市上海，成立了领导工人运动的总机关——中国劳动组合书记部，中共早期著名领导人张国焘为总主任。①

　　中共领导下的工人运动是传统无产阶级革命理论指导下的革命实践，这种实践作为理论创新的基础和源泉反过来又让中国共产党人摸索和认识了真正的国情，并开始走向理论和实践的统一。不过，中共成立之初领导的工人运动，包括组织工会、开展

---

① 中华全国总工会中国工人运动史研究室编：《中国工会历次代表大会文献》（第1卷）。

宣传教育、领导罢工等内容，不可避免地带有地域分散、力量单一、方式简单、影响范围小等特点，必须有新的突破。正如当时少共国际代表达林所说："现在党应该前进一大步，应该摆脱单纯的宣传工作和闭塞的小圈子式的工作方法，而登上群众性政治行动的舞台，成为中国历史的动力。"

在中共领导工人运动以前，国民党、无政府主义者、资产阶级以及某些官僚政客，为了利用工人阶级的力量达到各自的政治目的，曾先后在广州、香港、上海、长沙、唐山等地工人中进行各种活动，并组织了一些工人团体，如广州的茶居工会、理发工会、机器工会、互助总社，长沙的劳工会、中华机械工会，上海的中华全国协进会、中华劳动联合会，等等。它们有些是为了宣传无政府主义；有些是为了推行劳资合作，发展所谓"实业"；有些是为了支持国民党的政治活动；有些则是把工人组织当作达到个人政治野心的工具。这些形形色色的团体，虽然宗旨不一，各行其是，但它们所进行的活动却在工人群众中产生了一定的影响。①

在这种情况下，争取和团结这些工人团体，使它们在反对帝国主义反对封建主义的斗争目标下联合起来，为迎接中国工人运动第一次高潮而斗争，就成为中共刻不容缓的任务。中共决定于1922年采取重要步骤，在两个方面推动革命发展：一是与各派革命势力建立联合战线；二是制定适合中国国情的统一的政治纲领。为此，中共确定了三项重大举措：一是定于5月1日在广州举行第一次全国劳动大会。中共认为，如果要建立各革命党派的民主联合战线，必须首先获得代表工人发言的资格；而且在南北各地工人之间的联系日益增强的情况下，与德高望重的孙中山先生

---

① 《邓中夏文集》，人民出版社1983年。

及他所领导的国民党先行在工会运动中合作，作为初步尝试，似乎较易办到。所以，此时举行这个会议正合时宜，而且意义重大。二是决定社会主义青年团第一次全国代表大会也同时在广州举行，以统一青年团员的意志和行动于党的领导之下。三是预定最后召开中共第二次全国代表大会以确定中共在现阶段的政治任务。可见，第一次全国劳动大会是中共有计划地推动革命发展的一系列举措中的重大政治行动，是中共扩大政治影响、推动革命深入发展的新起点。

1922年4月10日，中国劳动组合书记部根据"不分何党何派，只要是工会便邀其参加"的原则发出通告，邀请全国各地的工会组织派代表参加这次具有历史意义的盛会。通告所宣布的大会主要内容是：1．纪念五一节；2．联络全国工界感情；3．讨论改良生活问题；4．各代表提议事件。中国劳动组合书记部的倡议，得到了全国工人团体的热烈响应，短短几天内，来自全国各地的代表纷纷涌向广州。

1922年5月1日，由冯菊坡、刘尔崧、梁复燃等共产党员筹备的第一次全国劳动大会在广州河南机器维修会举行，到会代表共173人，代表广州、上海、北京、天津、唐山、长辛店、武汉、长沙等地的110多个工会34万工人。来自全国各地的著名工运人物如张国焘、李启汉、邓培、邓中夏、苏兆征等参加了会议。出席会议的广东代表有谭平山、冯菊坡、刘尔崧、张瑞成、梁复燃、苏兆征、林伟民、潘兆銮、黄裕谦、罗珠、陈日光等人。

大会开幕当日，代表们和5万多名广州工人参加了庆祝五一国际劳动节大会。张国焘在大会上讲述"无产阶级革命之必要"，陈独秀讲述"劳动节的由来及意义"。晚上，全市工人、市民和学生约10万人举行提灯大游行。谭平山亲扛大旗先行，游行队伍高举"劳工神圣""工作八小时""破除资本制度"等标语。①孙中山接见了与会代表。5月2日，全国劳动大会在河南机器维修会继续进行。由中国劳动组合书记部代表张特立（即张国焘）宣布开会。大会的中心议题是"团结、统一、战斗"。大会讨论并确立了以产业组合为工会的组织原则，全国工人奋斗的目标是争取集会结社的自由，增加工资，减少工时，尤其是反对苛虐的待遇。6天的大会选出了领导机构，通过了十项决议案：

（一）罢工援助案（中国劳动组合书记部代表李启汉提出）。

（二）八小时工作制案（中国劳动组合书记部代表李启汉提出）。

（三）全国总工会组织原则案（长辛店京汉路工人俱乐部代表邓重远提出）。

（四）订定中国劳动歌及劳动旗帜案（唐山京奉路机务同人联合会代表李树彝、徐家棚粤汉路工人俱乐部代表吴海堂共同提出）。

（五）湖南劳工会黄、庞二君被杀及香港罢工沙田海员被杀案（湖南劳工会代表张理全、中华海员工业联合总会代表苏兆征共同提出）。

（六）组织全国人力车夫联合会案（汉口人力车夫总会代表彭大汉提出）。

（七）中国在相当期间的劳动运动，只作经济运动，不与闻政治案（徐家棚粤汉路工人俱乐部代表吴海堂提出）。

（八）尊重劳动节及儆戒工界虎伥案（中国劳动同盟会沪总部代表谭竹轩提出）。

---

① 刘明逵、唐玉良编：《中国近代工人阶级和工人运动》（第4册），中共中央党校出版社2001年。

（九）规定第二次全国劳动大会案（广东中国机器总工会代表邓汉兴提出）。

（十）全国总工会未成立以前，请中国劳动组合书记部为全国通讯机关案（公众临时动议）。①

这十项议案的基本思想是，某地某工会发生罢工时，应设法通知全国各工会，以便举行相当程度之同情罢工；应按产业原则组建工会，特殊情况下，也可按职业不同组织工会，而各地务必将各种产业组合与职业组合"结合为地方劳动联合会，将来由各地方联合会组成全国总工会"；在全国总工会未成立以前先设一全国通讯处，委托中国劳动组合书记部担任；工会应采用同盟罢工的手段来坚持八小时工作制；而对待那些借资本家淫威为虎作伥者应先警告、次宣布罪状、最后则以铁血对待；全国劳动大会每年召开一次，时间仍定在五一期间，每次开会规定下次开会地点。经过讨论，十项议案得以通过。

大会还通过了由中国劳动组合书记部代表李启汉提议、大会秘书处起草的《第一次全国劳动大会宣言》。该宣言指出，在资本主义制度下，工人们过着牛马一样的生活，所赚的工资，多半不能维持自己的生活，而工人子女的健康得不到保障，没有受教育的机会，他们从极年幼的时候起，就变成资本家的新式奴隶。工人们只有团结起来，共同与资本家进行斗争，这是救济工人的惟一道路。为此，工人们应该参加自己的工会组织，不分地域、行业、党派，"组织各种全国的产业总工会"，一时不能组织成产业组合的工人们，也应该把他们的工会组织成一个纯粹工人阶级的团体；而对国内外强大的敌人，工人们应该团结农民、小资

---

① 中华全国总工会中国工人运动史研究室编：《中国工运史料》1980年第2期。

产阶级，"和外国工人们建立亲密的关系"；工人们和被压迫阶级应该坚信，"我们这个阶级是会得到最后的胜利的"。①

　　这次大会，中共鲜明地提出"打破军阀主义、打破帝国主义、打破资本主义！"的政治口号，得到广泛响应，并被写进大会宣言公开发表，向全国人民传递了一个新的革命理念。同时，关于民主革命的动力和革命联合战线的策略思想也在第一次全国劳动大会上基本形成。中共一大时，刚刚诞生的中国共产党还只是在理论上追求纯一的无产阶级革命，远没有认识到中国革命的复杂性和艰巨性以及由此应该采取的战略策略。在随后的近一年时间里，中共与共产国际、中国国民党经过激烈的思想斗争，终于在1922年5月初的第一次全国劳动大会上，形成了比较明确的革命联合战线思想，并表现为两个层次的内涵：一是要建立国内的革命联合战线，即工人阶级要联合全国的农民以至于小资产阶级，共同奋斗；二是要建立国际的革命联合战线，即中国工人和外国工人以及被压迫民族要联合起来，共同向着全世界的资产阶级和压迫阶级前进。

　　从1922年5月至1923年2月，全国各地的罢工运动普遍展开，并形成了北方、湖北武汉、湖南、上海、广东等几个重点罢工区，各地斗争相互激荡，高潮迭起。随之，各地工会组织也有很大发展。在1922年，全国按产业原则建立的工会组织有100多个，会员人数八九十万人。中共还领导建立了湖北全省工团联合会、湖南全省工团联合会等地区性总工会，以及粤汉铁路总工会、京汉铁路总工会、汉冶萍总工会等产业总工会，并成立全国铁路总工会、中华海员工业联合总会，推动工人运动向纵深发展。

---

① 　参见《广东群报》，1922年5月2日。

　　第一次全国劳动大会的胜利召开，是中国工人运动史和中国工会史上的重大事件，是中国工人开始走向联合、走向团结的里程碑，开创了工人联合起来的新纪元。它大大提高了中国共产党与中国劳动组合书记部的威信，确立了中国共产党在全国工人运动中的领导地位。大会所通过的全国组建工会以产业为主的原则，有利于实现工会的联合与统一，有利于推动当时各地罢工斗争和工会运动的发展。标志着各党各派的工人组织在中国共产党和中国劳动组合书记部的领导下，开始走向全国工人阶级的团结统一。[①]

---

　　① 参见中国社会科学院现代史研究室，中国革命博物馆党史研究室选编：《"一大前后"——中国共产党第一次代表大会前后资料选编》（三），人民出版社1984年。

沥滘村的革命斗争

　　沥滘村是海珠区唯一的革命老区村庄，有着光荣的革命传统，著名抗日英雄卫国尧就出生于沥滘村。中华人民共和国成立前，沥滘村的劳动人民在三座大山的压迫下，过着水深火热的悲惨生活，特别是抗日沦陷时期，日伪、汉奸、地主互相勾结，地主恶霸卫金允等十兄弟和卫伯海等五子，有"十老虎"和"五豺狼"之称，他们大肆鱼肉人民，无恶不作，人民恨之入骨。经受着种种压迫和折磨的沥滘人民，在中国共产党的领导下积极参加各个时期的革命斗争。第一次国内革命战争时期，沥滘人民在党的领导下组织了广州市第二区沥滘村农民协会，农会人数达200多人（选举卫德培、卫维亚、卫德辕、卫访樵和卫访贤等做执行委员），进行了反对土豪劣绅、反对剥削的宣传和维护治安的斗争，1927年遭国民党反动派李福林部队迫害后解散。全面抗日战争时期，中共党员卫国尧曾在沥滘村组织开展抗日活动，智擒汉奸"卫氏八虎"的抗日故事就发生在沥滘村……

　　自卢沟桥事变后，侵华日军一路南下。1938年元旦，日寇飞机炸毁通往香港的广九铁路市郊的一系列站台和设施后，又经常侵入广州上空投弹肆虐，造成不少民居被毁、无数平民伤亡。同年10月，对广州人民来说，是一段灾难深重的回忆。日本侵略军在大亚湾登陆以后，迅速侵占广州及珠江三角洲地区，10月23日，广州市区以至河南各乡沦陷了。对于河南区而言，日机的空袭，不仅使海珠桥严重受损，南华东、中路和保安里等多处民房被夷平．人民死伤数以百计，甚至岭南大学也遭到轰炸。日军铁蹄所到之处，杀人放火，奸淫掳掠，无恶不作，人民遭受了空前的劫难。

是时，河南地区沥滘乡一度成为各派势力争夺的焦点。一是因其地处要塞。沥滘乡位于广州南郊珠江水道旁，与禺南大谷围隔河相望，是城乡交会处，陆路向北步行两小时便可到达广州长堤，水陆交通方便，是进军广州的重要桥头堡。二是因其天然环境条件较好，土地肥沃，是富裕的鱼米之乡。因此，日军长期在沥滘乡驻有一个中队，并扶植了沥滘乡以地主恶霸卫金允为首的"十老虎"（卫氏同父异母的十兄弟）和以卫伯海为首的"五豺狼"等汉奸走狗收集情报消息。日伪、汉奸、地主互相勾结，如狼似虎，大肆鱼肉人民，食不果腹、终日惶惶的村民尤其是青年村民对"十老虎"非常愤恨，一股抗日暗流在沥滘乡时时涌动，而中共党员卫国尧等人的到来让这股力量有了更清晰的方向。

卫国尧（1913—1944）出生于沥滘村，少年时就读于中山大学附属中学，成绩优异，并开始接触革命思想，以"国家兴亡匹夫有责"自勉，立志寻求救国救民的真理。1934年春，他东渡日本留学，考进了东京帝国大学政治经济系。留学期间，卫国尧阅读、翻译马列主义著作，在郭沫若举办的学术专题讲座等活动中受到革命思想的熏陶，从一个淳朴的爱国青年转变为具有初步马列主义世界观的人。七七事变前夕，卫国尧从上海回到广州。当国民党发出通令征集留日学生开训练班时，他应征前往受训，毕业后被分配到武汉国民党中央军事委员会政治部任少校参谋，从事国民军训工作。这期间，卫国尧与武汉八路军办事处取得联系，并于1938年5月加入了中国共产党，不久被调到国民党中央军事委员会政治部直属第五政治大队第二中队当中队长。同年底，卫国尧从衡阳调到广东韶关，被指定为第五政治大队地下党的领导机构——中共党团的书记，他从广州大中学生集训团（集训地址在韶关）中挑选了六七十名学生到政治大队工作，并从中发展了一批党员，加强了党的力量。

1940年4月，由于国民党掀起反共高潮，企图迫害政治大队中的共产党员和进步分子，该大队便宣告结束。之后，卫国尧立即被调去参加由中共广东省委举办的干部训练班学习。结业后，受党组织委派，以地下党负责人身份到中山县第九区国民党挺进三纵队一支队梁伯雄大队搞统战工作，公开身份是大队副官兼中队长，实际是担任该大队党内负责人。这支国民党的部队，原是由土匪队伍改编的，支队长潘惠原是珠江三角洲有名的土匪头目，又是当地的地主土匪武装"民利公司"的头子，在中山独霸一方，但在政治上主张抗日，与国民党地方实力派有矛盾。卫国尧经过两年多的努力，终于将这支队伍收归共产党。

1941年间，番禺市桥大土匪头子、汉奸李朗鸡，派伪军占据挺进三纵队一支队驻地的主要道路，同时又派出心腹与潘惠谈判，企图拉拢潘惠。卫国尧获悉后，感到问题严重，如果潘惠被拉拢过去，不利于共产党建立抗日民主力量。于是，他当机立断，派出一支精干队伍进行伏击，将李朗鸡等人一网打尽，有效保存了抗日民主力量。

1942年5月，中共珠江三角洲中心县委决定在五桂山区建立由中共直接领导的抗日根据地，任命卫国尧为中山县抗日游击队队长，并派共产党人罗章友带领先遣队进入五桂山区活动。为了避免过早暴露中共的力量，对外仍打着"民利公司"梁伯雄大队的番号。卫国尧主要负责对地方实力派头面人物做工作，劝告他们不要在五桂山区抢占地盘和阻拦中共军队活动，为更多的兄弟部队挺进五桂山区创造了有利条件。在此期间，卫国尧曾机警地识破敌伪的种种破坏阴谋。一次，汪伪驻翠亨的一个排伪军被先遣队包围之后便投降了，卫国尧立即把该排排长抓来审问，识破这帮人企图以假投降来探听虚实的阴谋。另一次，被收编的一个土匪排在副排长甘土旺的策划下，把军队从敌伪军中缴获埋藏在沙堆里的两挺机枪偷走，准备投降伪军。卫国尧从失枪事件中察觉到蛛丝马迹，及时审讯了甘土旺等人，又一次粉碎了敌人的阴谋。卫国尧治军很严，组织观念很强，处处以一个共产党员的标准来严格要求自己，十分注意斗争策略，处理问题果断，表现出了过人的才干。

1942年底，以挺进三纵队副司令林小亚为首的国民党顽固派，勾结日伪势力，向活动在禺南一带，由共产党员林锵云领导的广游二支队（后来改为珠江纵队）发起进攻。为了粉碎敌人的联合攻击，把抗日游击战争引向广州市郊，进而控制广州市区，中共珠江三角洲党委作出决定，组织挺进广州工作组，由卫国尧和卢德耀领导，在广州市南郊沥滘乡建立秘密据点。

卫国尧回到家乡沥滘后，利用大家熟知的地主少爷、留日学生、国民党少校军官的身份和社会关系进行公开活动，实际执行的是"隐蔽活动、长期埋伏、积蓄力量、等待时机"方针。首先，卫国尧用组织上给他的5000元活动经费，恢复了已倒闭的"怡和"碾米厂，自己担任经理，把另外一个党员安排在厂里当会计，把广游二支队派来负责联络的交通员陈铿（陈国雄）安排在厂里当伙计。就这样，卫国尧把共产党派去沥滘的同志以各种名义安置下来，建立起沥滘的秘密党支部和情报站。不久，安排在"怡和"碾米厂当会计的党员腐化变质，携款潜逃，碾米厂面临倒闭危险。为了革命，卫国尧征得母亲同意后，把家中的10余亩田卖掉，将款项全部支援抗日游击队和继续维持碾米厂的经营。

同时，卫国尧利用自己在社会上的威望，成为沥滘小学校长。他聘请两位地下党员当小学教员，并办了一间小小的文具店，安排卢德耀为该店负责人。在日伪统治之下，沥滘小学实行奴化教育。为改变这一情况，卫国尧在广大师生中宣传爱国主义思想，进行反对投降、反对剥削等教育，提高了师生的觉悟。党在该校的活动曾被潜在学校的特务分子发觉，但由于及早得知，特务分子去告密时，被共产党地下武装在途中拦截消灭了。

为了更广泛地团结教育群众，宣传党的政策，卫国尧在青年中秘密组织起"学习会"，在农民中组织"关帝会""兄弟会"，在店员中成立"同心会"，开办妇女夜校。通过建立这些外围组织，拓宽了解掌握敌人情况的信息网络，为开展本地区的革命斗争起了重要的作用。1943年9月，发展了卫民为本地区第一个共产党员，接着又发展了小学教师李郁平、贫农吴甜入党，动员一批青年参加部队。"关帝会"作为地下农会，组织起广大农民群众。1944年夏，沥滘农民秘密支援广游二支队四千多斤粮食，购买一批枪支作为党的后备力量。1945年，敌伪大"扫荡"禺南村后，地下农会干部带领群众积极为隐蔽在沥滘的广游二支队侦察、送信、运输和收养病员，并且在经济上大力支援广游二支队的同志。

当时，沥滘村为臭名远扬的"十老虎"所霸持。他们是一群杀人越货的土匪、流氓、汉奸。广州沦陷前，"十老虎"头子卫金允长期在市内当国民党的密探，广州沦陷后摇身一变当上日军的联防队长。他们依仗日本的势力，欺压人民，无恶不作，还经常带领日军"围剿"广游二支队。

为了掌握"十老虎"的动态，卫国尧主动与他们一起打牌、饮茶。虽然"十老虎"多次试探卫国尧，但由于卫国尧足智多谋，"十老虎"察觉不到其政治目的。日军的一个队长路过沥滘村，还有意到卫国尧家里探问。卫国尧早有准备，对答如流，没有露出半点破绽。交谈中，日军队长发现卫国尧与他是校友。这次"家访"，为卫国尧增加了一张"护身符"。卫国尧是日军队长的同学的消息不胫而走，之后"十老虎"更对卫国尧奉承拉拢，企图通过他向日军队长说点好话。卫国尧也与他们假意交好，麻痹他们，还巧妙地利用实力派、曾任过乡长的卫轮秋与"十老虎"之间的矛盾，暗中支持卫轮秋与"十老虎"进行斗争，使敌人更加孤立。

经过近一年的努力，卫国尧等人的各项工作有了基础，更深刻地认识到必须将"十老虎"这股恶势力打下去，沥滘乡的基础才能巩固下来，向广州发展。工作组通过长期观察，了解到"十老虎"的行动规律。"十老虎"经常在赌场赌博，在烟馆吸鸦片，坐自己的汽船往广州，可以进行伏击，但他们不集中，不能一网打尽；每逢乡里人家办喜事有宴请，他们兄弟都差不多到齐，且多是身穿长衫，虽带武器亦难于迅速运用，在这种场合下，工作组与部队可以里应外合，消灭"十老虎"，但是事前定要把部队隐蔽于沥滘，容易暴露，这对广州郊区的长期斗争极为不利。经过长期的摸索研究，卫国尧想出了利用清明"拜山"之机打"虎"的妙计。

1943年秋冬，卫国尧去五桂山参加整风学习前，根据每年"十老虎"都在清明节去大石礼村扫祖坟的活动规律，制定了在第二年清明节利用"拜山"的时机擒拿"十老虎"的方案，由留在沥滘乡的党支部具体执行。1944年春，广游二支队在沥滘乡党支部的密切配合下，在清明节那天，一举把"十老虎"中的八只"老虎"捉拿，并缴获一大批武器弹药。从此，广游二支队的声威大震，影响迅速扩大，大小汉奸人人自危，人民群众满怀期望。

1944年上半年，广游二支队频频打击日伪反动势力。6月19日，游击队奇袭新造（番禺县伪第二区区公所所在地），活捉了伪区长冼尧甫，全歼新造伪军200多人，缴获武器、军用物资一批。新造战斗胜利后，游击队又袭击了市桥镇，俘虏伪军100人，缴获步枪190多支、子弹万余发；不久，游击队攻击大龙墟，消灭了伪联防中队，并派员前往与钟村乡党支部合作，处决了钟村伪乡长。游击队的胜利，增强了人民战胜日伪的信心，一大批青年加入抗日游击队，禺南抗日烽火迅速蔓延。由于斗争的需要，广游二支队禺南大队在1944年7月1日更改番号为广游二支队新编第二大队，7月7日在禺南召开军民大会，纪念抗战七周年，卫国尧被任命为广游二支队新编第二大队大队长，郑少康任政委，卢德耀任副大队长，下辖三个中队。

同年7月25日，二大队为了进一步发展大好形势，配合中山、顺德兄弟部队的战斗，决定在离市桥20里的植地庄集结，准备袭击市桥的日军据点。不料出发时大雨倾盆，洪水淹道，不便通行，部队便改变计划，撤回植地庄休息待机。

游击队刚驻下，潜伏于此的一名汉奸便赶到市桥向日军特务机关告密。26日凌晨，日军大队长率领驻广州市市郊石榴岗的日军独立步兵第八旅团500余人奔袭植地庄，5时便将村庄围住。正患疟疾的卫国尧紧急部署。在指挥突围作战中，卫国尧胸部中弹牺牲。

植地庄一战，因敌众我寡，卫国尧等48人壮烈牺牲，22人受伤，但游击队在极端危急的形势下仍浴血苦战，毙伤敌70余人，粉碎日军围歼计划，何达生等被誉为"植地庄战斗八勇士"。

在这中华民族处于生死存亡的危急关头，广州河南人民在中国共产党的领导下，毅然拿起武器，以大无畏的精神，不怕艰难险阻，不怕流血牺牲，在日伪顽的夹击下，开展了轰轰烈烈的抗日游击战争，狠狠地打击了日伪的嚣张气焰，粉碎了国民党顽固派的反共逆流。

中共南石头监狱特别支部的特殊斗争

位于广州河南的南石头监狱是国民党反动派统治时期广东唯一的大监狱，名为"惩戒场"。1927年，蒋介石在上海发动四一二反革命政变，广东反动派亦发动"四一五"叛变革命，进行反革命大屠杀，残酷地镇压共产党人和革命群众。从这时起，南石头监狱就成为国民党反动派关押、审讯、杀害共产党人、革命志士以及革命群众的监狱、刑场。

在狱中，共产党人熊雄提出"组织起来，团结群众，巧妙斗争，迎接光明"的口号，点燃了狱中斗争之火。熊雄1922年加入旅欧中国少年共产党，同年加入中国共产党。1926年1月调任黄埔军校政治部副主任，主持政治部工作（后任主任），同时参加了中共广东区委军委，是中国共产党在军校的主要负责人。1927年4月15日，他在广州反革命政变中被捕，5月初囚禁于南石头监狱。一到此地，他就利用放风的机会，争分夺秒地同被囚禁的黄埔军校的学生交谈，指出："此次事件，不是一时的风波，而是中国革命关头的转折点。大家要做好长期打算，组织起来，实现'监狱是革命者的学校'"。5月17日，熊雄被秘密杀害。

仍被关押在狱中的共产党人，牢记烈士的教导，坚持在狱中开展斗争。为了进行长期的狱中斗争，被捕入狱的100多名共产党员，秘密推举了8人组成领导小组，该小组直属中共广州市委。后因小组负责人中有过半被杀害，需要重组领导机构，故中共南石头监狱领导小组改组为中共南石头监狱特别支部。特支内设书记、宣传、组织、工干、军干各1人，候补特支委员2人，共7人。特支下设班组，每班有班长负责上传下达和指导工作；班下分组，组是特支的最基本单位，每组三至五人。这样，在国民政府当局戒备森严的监狱，竟然出现了共产党严密的组织系统。至于其隶属关系，由于中共广州市委成员的大变更，特支直隶中共广州市委的计划没有实现。1928年冬，特支书记潘云波出狱后，在香港找到了中共广东省委，故特支改属省委领导。历任党支部书记有：潘先甲（潘云波狱中化名）、刘光、谢四（狱中化名，实际是阮啸仙之弟）、江坤、郭枝等。

特支成立后的工作，主要有三类，训练同志、应付敌党、改良群众生活——即群众运动。"训练同志"的具体做法，大致如下：每周开小组会议一次，通过质疑、批评或其他方式以分析敌情、总结或部署工作、提出建议。每周由负责人作一个政治报告，通报阅读报刊和省委来函所得到的消息。每周有针对性地讨论一至两个理论或实际上的政治问题。要求每人必须接受为期三个月的初级军事指挥员的训练，由狱中有军事知识的同志指导。经过这样的特殊训练，出狱的党员既能胜任秘密工作，又是较优秀的基层军官。

特支有三条原则：一是狱中不发展党员；二是不组织团支部；三是对原是党员，不愿意参加狱中党组织者，应共同学习提高，不能歧视。

参加狱中党组织的党员共有54人，组成7个党小组，其中黄埔军校入伍生9名，工人4名，教师、医生、学生等4名。

党组织宣传活动的方式主要有五种：第一，摘要讲解报纸上的内容；第二，根据狱中情况进行宣传；第三，揭露别的派别的阴谋；第四，争取别的派别的群众；第五，提高教育（即组织读书会、文艺社种种公开的团体）。

此外，特支还在狱中建立了群众组织——救济会，成员共有28人，其中党员3人，分8个小组活动。

特支成立后，按照当时狱中实际，为了教育好党员、团结群众，有组织、有计划地开展工作：

一是每个党员每周必须过组织生活一次，检查自身有无思想波动，是否团结群众。规定每天必须与一个以上的群众谈话，了解其家庭情况、生活情况和历史情况。如有困难的，要尽力给他们帮助。

二是每月必须缴纳党费，无亲友接济或无人探望者免交。

三是党员中，如亲友探望送来的钱，或邮付来的款，一律须按总额缴交10%，以作狱中救济费用。

四是遇年中节日，如"五一""七一"等，必须和群众2人以上谈话，向群众宣传节日的意义，并在当天不午睡，以示精神振奋。

经过党有组织、有计划的教育，党员的思想渐趋一致，情绪也较稳定，对群众的情况基本摸清。狱中的主要情况包括犯人总数，犯人各种派别的划分及其大致人数，中共和第三党的力量，以及其他无明显派别归属犯人的情况。除通过秘密渠道了解狱中情况外，广东省委还让出狱的同志及时详细地汇报狱中各种情况。省委通过对狱中详细情况的了解、分析，就确保能够正确地、较具体地指导狱中党组织的活动，尤其是对敌斗争。

特支成立后，在监狱极端恶劣的环境下，针对狱中各种酷刑和非人待遇，领导狱友开展斗争，保护了自己的同志，争取教育群众。

狱中的党组织建立了一个侦察队，利用各种途径侦察敌人内部情况，破坏敌人在狱中的组织。监狱内所羁押的，既有立场坚定的中共党员、革命群众，也有第三党成员，还有曾经变节的党员和反动分子，情况复杂。为对付监狱当局，特支主要采取以下策略：监视敌人行动、侦察敌人内情、破坏或离间敌人组织、破坏敌人在群众中之信仰。相关活动，由负责组织工作的特支委员领导侦察队具体部署执行。

狱中党组织成立了"群众运动委员会"，以不同的名义将基本群众组织在"三合会""东莞同乡会""广宁同乡会""一心泪社"（文艺组织）中，使他们成为党组织的外围。还设法使全场政治犯的买菜代表人员由可靠的人来担任，从而获得了较多的方便条件，以利于党的活动。

国民党反动派在狱内成立了"感化院"。狱中党组织便成立了"感化生干事会"，及时揭露反动派的欺骗宣传，使敌人的感化不能收到预期的效果。

狱中党组织订立了严密的学习制度，利用放风和其他松散活动的机会，向党员传达上级指示和信件，从中学习了解党的路线、方针、政策。还召开党的小组会议，分析敌情或研究工作，开展批评和自我反省，以保持坚定的革命立场和气节。

狱中党组织还采取措施接济生病和困难的同志。在与市委未断联系前，经费每月由互济会拨钱。与市委失去联系后，狱中党组织成立了储蓄会，规定凡同志中有家人或亲友接济的，按比例提取一部分，以作为买药治病之用。随后又成立了"经委会"，对有外援的同志征收特别党费。狱中同志团结一致，患难与共，增强了生活的信念。

特支针对狱中各种酷刑和非人待遇，领导狱友开展斗争，包括绝食斗争。1934年春，得知蒋介石开始对中央苏区进行第五次"围剿"，南石头监狱有人提出应该以实际行动，声援我军第五次反"围剿"，展开讨论后提出进行绝食斗争。1934年4月，一场大规模的绝食斗争在狱中展开。事前党组织推选出7人组成了总罢食委员会，筹划绝食的有关事宜，还起草了《快邮代电》稿，准备向社会揭露监狱虐待政治犯等罪行，以争取外界舆论的支持。

绝食斗争按计划进行。一天傍晚，当伙房把饭菜摆开时，难友们齐声呼喊"总绝食开始了！"人们敲打盘碟的声音汇成一片，震动全楼。狱方当班执勤齐出动，加强戒备，并派人把饭塞进各仓内，逐仓劝食，但遭到难友们的一致拒绝。第二天，狡猾的敌人假装镇定，照样放风，将各仓未吃的饭菜收了回去，似乎不当作一回事。绝食总指挥察觉到敌人内心紧张，立即运用"敌退我追"的战术，给狱方施加压力，狱中的难友又开始绝水。第三天中午，绝食已一天两夜，加上不喝水，有不少体弱的难友受不了，有的晕倒。总指挥认为不喝水不行，乃通知恢复喝水。虽然恢复喝水，但仍支撑不了，病号越来越多。尽管这样，斗争仍继续坚持下去。到了第四天上午，抬出去留医的已超过全体政治犯的百分之二十。在绝食斗争的四天时间里，难友们粒饭不入口，表现了顽强的斗争意志，终于迫使敌人作出让步，提出要政治犯派出代表协商解决问题。邓少卿、李光、周启明被推举作为代表与狱方进行谈判。经过近一天的周旋，狱方接受了改善伙食，改善卫生设备，准许政治犯通风、家属探监等要求。政治犯们复食才一个星期，在绝食斗争中与敌进行谈判的3个代表就被敌人秘密杀害了。

组织读书会，也是狱中党组织领导难友们进行斗争的一种方式。他们买通一些狱卒每天从外面购进报纸，还通过亲友探监时带进了不少革命书刊，组织难友们互相秘密传阅。组织大家秘密学习政治和时事，把偷传进来的报纸看过后加以分析，分组报告。狱卒巡到，就假装讲故事、说笑话、唱京腔，有的念古文、哼唐诗，狱卒走后又继续讨论。组织学习小组，如数学、英语、日语、书法、绘画、拳术等。在难友中找出有专长的来教，难友们按所好加入学习小组。工农难友文化低，地下党员帮助他们另组识字、语文、算术学习班。有些工农难友学文化，从不会写字到会写信，不会算术到会加减乘除。狱中读书氛围十分浓厚。有的人在狱中还学习了哲学和政治经济学，学习了英文、日文和世界语。

1932年9月，中共南石头监狱特别支部奉上级党组织命令停止活动，其领导的狱中群众组织也随之停止活动。

从第一次大革命失败至抗日战争全面爆发期间，有许多共产党早期领导人、优秀共产党员和革命志士在这里被反动派杀害，其中包括萧楚女、熊雄、邓培、刘尔崧、李启汉、何耀全、毕磊、熊锐、陈复、沈春雨、邹师贞、谭毅夫、彭粤生、黄锦涛、周其柏、敖昌骙等共产党员。

第三章
海珠区的建设发展

  中华人民共和国成立后，海珠人民在中国共产党的领导下积极投身社会主义革命和建设事业当中，在珠江边建成广纸、广重等大批影响国民经济命脉的国营企业，缔造了一个又一个工业神话。改革开放后，海珠人率先突破"禁区"，大胆招商引资，打造了一批名优产品，取得无数个"第一"。进入新时代，海珠人聚焦粤港澳大湾区建设，大力构建"一区一谷一圈"发展格局，把海珠区建设成为展现广州国家中心城市形象的重要窗口。

第一节 社会主义事业曲折发展

1949年10月1日，中华人民共和国成立，标志着中国共产党领导的新民主主义革命取得了伟大胜利。1949年10月14日，人民解放军进入广州，蒙圣、海幢、洪德三区党组织接管了河南①旧城区，建立新政权。从此，河南地区进入社会主义革命和建设时期。河南地区人民满怀翻身解放的喜悦之情，在区委的领导下，医治战争创伤，稳定社会秩序，恢复和发展生产，进行各项社会改革，开展了波澜壮阔的社会主义革命和建设活动，取得了政治、经济、文化建设等各方面的伟大成就。

一、人民政权的建立和各项建设的展开

1949年10月21日，广州市军事管制委员会成立，接管了全市33个国民党旧政府的区公所。地处河南的蒙圣、海幢、洪德三个区公所被接管后，分别成立了区人民政府。面对国民党反动派留下的满目疮痍的局面，蒙圣、海幢、洪德三区党组织采取各项措施，成立以街道为单位的基层管理机构，积极筹建各种民众团体，召开各界人民代表会议，实现民主建政，保障了人民当家作主的权利。

在顺利完成接管工作，迅速稳定治安秩序的同时，河南地区

---

① 河南，即现海珠区。

积极恢复经济和发展生产。广州刚刚解放，河南地区百废待兴。国民党统治和战争破坏而导致的各种败象显现，物价日日飞涨，南北交通阻滞，物资供应中断，工厂原料缺乏，加上资方人员对党的政策存有顾虑而外逃等因素的影响，造成工厂倒闭，百业萧条。新中国成立后，亟须改变经济不景气、商业凋敝的境况。河南三区的区委、区政府按照计划稳步地展开工作，积极恢复经济和发展生产。

首先是积极恢复和发展农业。根据省、市土地改革委员会发出的《关于失业工人回家分田的通知》，三区区委、区政府结合河南地区的实际，动员和妥善安排城市失业工人回乡耕地，参与农业劳动，以增加农业劳动力，保证农村耕种的进行，使失业的工人有出路，使荒芜的农田有人耕种。①同时在政策上给予回乡工人和农民许多优惠，在农产品市场、物价方面给予较多照顾，让其安心耕种的同时，免于担心市场混乱导致的各种经济损失。政府还积极参与和主导农产品供应以及理顺城区市场需求之间的关系，多次组织农民与城区市场商人供需见面，让他们直接进行沟通和交流，简化繁杂的供需程序，保证产品的销售渠道顺畅和双方应得的利润，促使市场繁荣，物价稳定。广大农民和市民群众对此甚为满意和赞许。这些具体措施既方便了城区人民的日常生活，也提高了农民耕种的积极性，对恢复农村生产力和发展农村经济起到了重要的作用。

1950年6月24日，中共河南区委员会成立。党组织直接领导全区的革命和建设事业，为各项工作的稳步展开奠定了基础。1950年7月初，三区合并编为河南区。②区委积极对机构与人员进

---

① 河南区政府：《关于失业工人回家分田的通知》，1952年6月11日。

② 1950年7月，三区合并为河南区。1956年，河南区改称南区。1960年8月，南区改称海珠区，并一直沿用至今。

行必要的改组、调整，健全了党团组织。同时，整治各种社会乱象，着力打击烟赌泛滥、匪特横行现象，维护社会秩序，并顺利接管了反动统治机构，构建起人民政权的基础。区委、区政府还通过各种方式，建立与人民群众的良好关系；推行各项整风整党措施和制度建设，提高党员干部的思想觉悟，加强党内团结，为党进一步发展壮大打下了基础。

为巩固新生的人民政权，河南区积极推进各项改革运动。新中国成立后，各地还潜伏着许多国民党派遣特务和各类反动分子。因此，坚决镇压反革命活动，肃清反革命分子，成为巩固人民民主专政、保卫新生红色政权的紧迫任务。河南区通过镇压反革命运动和肃清反革命分子，保卫人民的生命财产，稳定了社会秩序。与此同时，区委、区政府通过加强宣传，加强爱国主义教育，动员全区各界和人民以捐献、派员上前线等方式支持抗美援朝运动。通过土地改革，消灭封建剥削制度，实现农民土地所有制，提高了农民的生产积极性，带来了农村生产力的大解放；通过推行工厂民主改革，废除了旧的管理制度，变革了旧的分配关系，建立起新的民主管理机构及按劳分配制度；通过"三反""五反"运动，打击贪污受贿、弄虚作假等违法犯罪行为，在党员干部队伍中树立了廉洁奉公、遵纪守法的观念，加强了对不法资本家的监督；通过宣传贯彻《婚姻法》，确立了男女平等的社会制度。这些都为社会主义革命和建设的顺利开展提供了坚实的保障。

中华人民共和国成立之前，广州市的工业基础薄弱，河南地区工业更是萧条，正常生产的工厂寥寥可数。1950年2月，三个区共登记的商店1260家、工厂662家，其中最多的是纺织行业，有317家。

1950年7月开始，河南区政府开展了区内各行业的摸查工作。据统计，区内工业系统（除市直接管辖的大小国营工厂外）共13个行业105户，包括罐头业、火柴业、煤油业、玻璃业、卷烟业、肥皂业、软管业、电池锰铅碳素、磨坊业、榨油业等。再加上手工业户，全区登记有工厂企业776户。而这些厂商多数为小型或个体工商业，经营规模普遍很小，基础薄弱，市场占有率极低，抗御风险能力不强。针对这些情况，区政府实施多项政策：一方面，没收区内的官僚资本，接管国民党留下的官僚企业和股权，建立地方国营和地方公私合营的企业，为河南地区企业的恢复和重建奠定了基础。另一方面，区政府加大力度扶持区内工商业的恢复和发展，通过工业贷款扶持工业基础建设和补助工业所受损失，活跃了市场，恢复了经济生产，又提高了工人的劳动积极性。至1952年，区内大小企业增至1266户。

在商业流通领域，经调查登记，河南区有私营坐商1694户。针对区内私营商业户虽多，但摊贩、夫妻店占比大，跨行跨业的兼营户多且资金薄弱等特点，党和政府对私营业主予以大力扶助。区政府新建厚德、同福两个大市场和一些小市集，引导商业行为。政府调整工商业与公私关系，取消或放宽对工商业的限制，实施区内自由贸易政策，因而私商经营积极性提高，商业得到一定发展。至1951年底，全区有小贩4981户，经营资金13.01亿元，平均每户资金26.12万元。①

为推动商业发展，广州市河南区政府还采取多种措施恢复市场供应，并使物价逐步朝着稳定的方向发展。通过没收官僚、买办资产阶级的企业和资产，组建国营经济的领导力量；通过迅速调动运输力量，保证城乡交通顺畅；通过保护和扶持正当的民

---

① 中共广州市海珠区委党史研究室著：《中国共产党广州市海珠区历史（1949—1978）》，中共党史出版社2012年，第71页。

族工商业，使其得到恢复和发展；通过鼓励商贩下乡组织物资供应，组织城乡物资交流会等保证物资供应货如轮转。同时根据"公私兼顾、劳资两利、城乡互助、物资交流"的方针，建立城市职工消费合作社和农村供销合作社。1950年4月25日，蒙圣、洪德、海幢三区第一消费合作社成立。后来又陆续再设26个门市部，经营粮油、副食品、小百货等生活必需品。8月，河南区第一家国营百货店在洪德路开业。国营商店、供销社和消费合作社的建立，在主要消费品方面起到控制市场物价的作用。

在加快经济恢复、促进生产发展的同时，河南区委、区政府还积极动员广大工人群众用实际行动参加恢复和发展生产的工作。组织工人生产自救，发动工人建立联合布厂，由国家给原材料加工订货，工人自己组织起来管理。工人、农民和各阶层群众对河南区工农业的恢复和发展作出了很大贡献。区委还先后召开工人、学生、教师、工商界人士座谈会，向他们详细讲解党在河南地区的政策，宣传党为人民服务的思想和工作态度，动员广大师生尽快回校复课，工商企业尽快复工复业，号召全区人民共同为恢复和发展生产作出贡献。同时区委还派出干部和接管人员下厂与工人、企业主直接见面交流，号召工人迅速复工，呼吁厂主、企业主切实解决工人的工资发放和生活待遇问题，使工人、企业主与人民政府同心协力，促进区的经济繁荣发展。工、农、学等社会各界对党的工作给予充分肯定并积极配合，为区内经济的恢复和发展贡献良多。

在中国共产党的领导下，河南地区各项社会建设取得许多重大成就。金融投机活动受到打击，财务税收得到规范管理，各种合作社纷纷成立，通胀局面受到控制，失业人员的问题得到解决。受历史条件和地理环境限制，直至1951年之前，河南区内一直没有自来水。为结束居民用水主要靠井水和河涌水的历史，政府安排广州市自来水公司安装了2条直径300毫米的过江水管，为河南区供水。为解决河南区用电困难，政府在河南区的凤乐路（今革新路）兴建了一座13.2千伏的变电站，被国民党反动派炸毁的连接广州市河南、河北城区的唯一过江大桥海珠桥被迅速修复通车，交通运输得到全面恢复。在区委、区政府的领导下，区内学校数量不断增加，教师队伍逐渐充实，教学质量有效提高；为方便民众就医的卫生诊所也陆续开设，除"四害"爱国卫生运动得到开展；文艺、体育事业的发展受到支持。人民群众生活水平得到全面提高。20世纪50年代的河南区，社会发展欣欣向荣。

二、基本完成社会主义三大改造

随着国民经济的全面恢复和各项社会改革的完成，1953年6月，中共中央正式制定了过渡时期总路线，提出要"逐步实现国家的社会主义工业化，并逐步实现国家对农业、对手工业和对资本主义工商业的社会主义改造"。广州市河南区委响应号召，掀起全区的学习、宣传高潮，积极实践过渡时期总路线。海珠区三大改造的举措是：

对农业的社会主义改造。1950年，河南地区有3386.006亩农田[①]，农业人口3362人（未包括逃亡的恶霸地主）。河南地区的农业生产属于市郊农业，最重要的经济收入来自蔬菜种植。农户主要是生产供应城市需要的蔬菜、杂粮，兼种少量稻米。当时全区水稻年产量达2.2588万市担，每亩单位面积产量770.7市斤。由于区内的农业生产具有市郊农业经营多样性、复杂性、变动性大的特点，河南区按中央和省、市有关精神，明确郊区为城市服务

[①]　未包括鱼塘面积，其中云桂1349.6亩、草芳494.006亩、南田561.98亩、龙田476.91亩、同福中278.6亩、凤凰224.84亩。《河南土改复查工作计划》第1页，1952年12月23日。

的定位，并且将农业合作化与开展爱国增产运动结合起来，提高粮食单位面积产量，适应大种蔬菜，发展副业（养猪、鸡、鸭、鹅、鱼等）的需要。河南地区的农业合作化经历了三个阶段：土改以后到1953年底的初始阶段主要以建立互助组为主；1954年开始，寻找条件比较适合的互助组进行试点，并逐步发展初级农业生产合作社；1956年初至年底，建立高级农业合作社，基本完成农业的社会主义改造。

对手工业的社会主义改造。20世纪50年代初期，河南区的手工业普遍建立在简单的生产资料私有制基础上，资本积累薄弱，经营规模小，存在诸多问题，难以发展壮大。在手工业改造前，河南区有手工业户1823户4552人。党的过渡时期总路线提出后，河南区引导手工业户通过从个体户、供销生产小组、供销生产社到生产合作社的形式逐步完成从小到大、由低级到高级的发展，实行社会主义的改造。同时，根据中央第三次手工业工作会议精神和中南区手工业会议规定的原则，贯彻"统筹兼顾、全面安排、积极领导、稳步前进"的方针，广州市委对各区建立手工业劳动者协会给出明确的指示，以河南区为试点，进行手工业的社会主义改造试验。[①]至1956年7月，河南区的手工业由个体经济到集体经济的改造就基本完成。建立手工业生产合作社84个（其中高级社形式的合作社占91%）、供销社17个、供销小组86个。手工业生产社（组）合共192个，社（组）员共7250人。[②]1957年2月，区委加强对手工业战线工作的领导，手工业改造工作又有新的发展。此时统计，生产合作社共有84个、社员4765人，供销

① 广州市委：《市委对各区建立手工业劳动者协会情况及工作意见》，1954年。
② 南区人民委员会：《南区基本情况及区人委当前几项主要工作的汇报》第1页，1956年11月20日。

社17个、社员589人，供销小组增加到123个、组员2417人。合计组织社（组）224个、社（组）员7771人，占全区手工业总人数的84.47%。后来在1957年第三季度又组织合作组14个、人数473人①。至此，河南区全部完成了手工业的社会主义改造。

　　对资本主义工商业的社会主义改造。河南区对私营工业的改造，从1953年就已开始。当时，由于原料和计划任务的分配由市工业局掌握，因此不少企业在市工业局的引导下，按某一产品为中心进行合并、重组；也有若干行业接受国家的来料加工或订货。在此基础上，进行有计划的分批公私合营，成熟一个合营一个。这时合营的工厂企业数量很少。1955年，区委贯彻"公私兼顾，劳资两利"的原则，采取措施对不同类型的私营工商业进行改造。对私营批发商业，采取限制、利用、淘汰的方式进行改造；对私营零售商业，区内的群众性消费合作社和各专业公司通过批购、经销、代销，把部分私营零售商纳入国家计划轨道。推动小商贩走合作化的道路。在自愿互利原则下，按行业组成合作店或合作组，合作组进一步提升加入国营商店，在国营商业的直接领导下经营；对私营工厂企业，区委将河南区有10个工人以上的资本主义工业基本纳入公私合营轨道，并对其实行了公私合营改造。1954年初，广州市委选定河南区的华南缝纫机厂、建业硫酸厂、源裕隆化工厂三间厂作为公私合营的试点，以便摸索经验。1954至1955年两年间，河南区共进行了四批次工业公私合营改造工作。合营厂共47户6154人，约占全区职工人数的54%。②其余的工厂，在1955年底至1956年初不足三个月的时间内，也全部完成了公私合营。经过一系列的社会主义改造，至1956年1月，

　　① 南区委：《南区手工业部1957年全年工作意见》，1957年2月21日。
　　② 江祯祥：《中共河南区委关于过去工作检查及今后工作任务的报告》第2页，1956年5月10日。

河南区的资本主义工商业已完成了改造任务，纳入了国家经济计划的轨道。

三、社会主义建设道路的初步探索与曲折发展

河南区1956年完成了对全区生产资料私有制的社会主义三大改造后，奠定了社会主义的经济基础，为进行社会主义建设道路的探索作了初步准备。

实施党的过渡时期总路线后，广州市掀起社会主义建设高潮，广大人民群众为争取实现社会主义工业化而努力奋斗。河南区由于面积较大、农田较多、有一批荒地山冈，正好适应广州市建设新工厂、开辟工业基地的需要。广州市本着自力更生和实际需要的方针，也确定河南区的建设将以发展工业为主。

河南区被广州市政府确定作为广州重要工业基地之一加以建设后，区委高度重视，也激发了河南区人民的建设热潮。1954年3月，区委设立工业部，加强对工业基地建设的领导。区政府决定在南石头一带开始建设工业基地。南石头在20世纪50年代初期有大片耕地和潮汐涨退堆积形成的滩涂，建设成了新兴的工业区。在这里，重工业、轻工业的生产并驾齐驱，互相媲美。

由于在建的工厂较多，材料运输繁忙，汽车穿梭奔驰，工人日夜施工。为使交通畅顺，区政府成立了扩路指挥部，采取先征地后补偿的办法，争取尽快建好道路。经过一年多的时间，河南区扩建并加长了起着贯通南北交通枢纽作用的、全长8公里的工业大道。1954年，又修建了南石西马路桥。之后，随着"一五"计划的实施，有关部门沿着工业大道开始组并、迁入、修建、扩建或新建一大批工厂。由于广州靠近港澳，处于沿海第一线，并没有中央的投资项目，基本上是地方投资的。这些工厂大部分是

由原来的旧工厂重组再加以扩建而成：如广州造纸厂[①]、广州通用机器厂（后改广州重型机械厂）、广州锌片厂、广州电池厂、公和祥机器厂、人民造纸厂、人民化工厂、河南茶厂、正泰橡胶厂（后改大华橡胶厂）、广州第十一橡胶厂、广州明兴制药厂、鱼藤精厂（后改农药厂）和沥滘砖瓦厂。在东面和新港路一带，亦兴建了广州缝纫机厂、广州硫酸厂、广州机床厂、广东柴油机械厂（后扩建成广东拖拉机厂）、广东机引农具厂、小客车厂、广东麻袋厂和华建麻袋厂。这些工厂包括由私营经过合并、联营而扩建的企业在内，已形成机电、纺织、轻工、化工和建筑材料等5个较集中的行业，包括具有一定规模的150多家工业企业，以及数以百计的手工业作坊、工场。[②]随着工业生产的快速发展，河南区的人口亦从1953年的14万左右，增加到1957年的26万左右。[③]新增加的主要是工业人口和外来人口。至1956年底，全区工业全年总产值已达1.248亿元[④]，标志着河南区已从一个消费城区转变为具有一定工业生产能力的社会主义新城区。

　　1956年4月，毛泽东发表了《论十大关系》的讲话，提出了"把国内外一切积极因素调动起来，为社会主义事业服务"这一进行社会主义革命和建设的基本方针，指出要处理好重工业和轻工业、农业之间，沿海工业和内地工业之间的关系。毛泽东在讲话中提出："最近几年对于沿海工业有些估计不足，对它的发展

---

　　① 广州造纸厂前身为广东省营制纸厂，主要机器设备由瑞典进口，为当时世界精良的造纸设备。1938年，日军侵占广州，1940年，日寇拆卸劫掠了纸厂的全部设备到日本北海道。1948年11月，经斗争从日本运回大部分设备到厂区。是时，该厂易名为广州纸厂。经扩建后，现名为广州造纸厂。

　　② 广州市海珠区城市建设系统：《海珠城建》，1998年9月编印，第7页。

　　③ 广州市海珠区城市建设系统：《海珠城建》，1998年9月编印，第7页。

　　④ 从本章开始，所述人民币除注明的之外，均指新币（即中华人民共和国发行的第二套人民币）。

不那么注重了。这要改变一下。"1956年5月他第三次来到广州时，其中一项工作就是要了解沿海地区工业发展情况。他指示广东省委提交一批重点工矿企业的情况报告，对报告一一进行了认真审阅之后，决定视察广州造纸厂和广州通用机器厂（后改称广州重型机械厂）。

5月29日，毛泽东身穿米黄色衬衣、灰色长裤，脚踏一双黑布鞋，手拿一把广东葵扇，乘坐"花船"来到广州造纸厂。在厂长封贯之引导下，他逐一视察了磨木、调木等车间。当他知道8台磨木机中有6台是国产的，而且国产磨木机的性能比进口的还要好时，连声赞好。在磨木机平筛旁，他拾起一束粗渣，询问封贯之："这是不是经常有？还有没有用？"封贯之答："磨木机生产经常有粗渣，现在还没有利用起来。"他指示："要尽快利用起来！"毛泽东深知，中国还很穷，进行大规模的经济建设应充分利用资源，容不得半点浪费。视察第一抄纸车间时，毛泽东看到复卷机切出许多一厘米多宽的小纸边，他俯首拾起一条问："纸边还有没有用？"封贯之答："可以重新利用。"他听后十分满意，连声赞道："用了就好。"毛泽东在广州造纸厂视察了一个多小时，临别前，他反复嘱咐封贯之和副总工程师彭水先：要注意提高工人的技术和管理水平，要多培养我们自己的技术力量。随后他来到广州通用机器厂。当他了解到该厂正在研制日榨量可超过中华人民共和国成立前进口的榨糖机一倍的2000吨量糖蔗的榨糖机时，高兴地说："中国人应当有这样的志气，外国人能搞的，中国人要搞；外国人不能搞的，中国人也要搞，要为国争光。"他为中国工人阶级那种自力更生、奋发图强的精神自豪，对中国的科学技术赶超世界先进水平充满了信心。毛泽东的视察和指示给了广州市特别是河南区人民极大的信心，激发了工人阶级建设社会主义的热情。

在国家"一五"计划期间，由于上述大批工厂企业的建成，河南区已成为广州市的重要工业基地之一，形成了以轻工业为主、重工业为次，门类比较齐全的工业布局。这批工厂企业为广东省的经济发展作出了重要的贡献，有的重点工厂企业直到今天还在经济领域起着关键的作用。

在20世纪50年代初期，河南区除了在经济领域高歌猛进外，也注重积极推行各项政治建设。不仅召开中共广州市河南区第一次代表大会，树立了党内民主建设道路上的一大里程碑，而且通过开展肃反审干运动，纯洁干部队伍，巩固了人民民主专政。当然，在探索社会主义建设道路的初期，也走了弯路，遇到过挫折。在政治上，整风、反右及反"地方主义"运动相继开展，把对敌斗争中的群众运动方式用于对待民主党派、各阶层人民群众及党内敢于直言的同志，这背离了中共八大的精神，损害了革命统一战线，延误了社会主义民主政治的建设。在经济上，掀起"大跃进"的高潮，全民大炼钢铁，虚假的高产数字屡屡出现；工农业"高产卫星"频发；手工服务业在改造的步骤上采取了"一步登天"的做法，导致生产力与生产关系不相适应。高指标、瞎指挥、强迫命令的"大跃进"还造成国家资源的严重浪费和国民经济比例的严重失调，导致人民生活水平下降。在"大跃进"形势影响下，南区（即海珠区）相继建立多个人民公社。这些城区人民公社的建立，全盘否定集体所有制，刮起了"共产风"，吃"大锅饭"，严重挫伤了人民群众的生产积极性，对社会经济的发展造成不良影响。

在1959年到1961年的三年困难时期，海珠区农业歉收，粮食和生活必需品奇缺，人民生活水平下降，社会建设遭受极大挫折。为此，区委作出纠"左"的努力，整顿了市场，清理了"共产风"。但由于纠"左"工作依然建立在肯定"三面红旗"的基础上，纠"左"成效不大。在庐山会议之后，广州市海珠区委贯彻上级"反右倾"的决定，整顿党内思想及干部队伍，不少敢于指出现实问题的党员干部遭到迫害，冒进的火苗再次燃起。

1966年5月，"文化大革命"开始，这对海珠区政治、经济、文化、社会等各方面都产生了巨大冲击和影响，经济发展一度近乎停顿，人民正常生活被扰乱。但在区委、区政府和广大人民群众的努力下，工农业生产尚能维持，市政建设仍然取得了一些成绩：顺利完成全区的木屋改造，协助广州市建成第二座跨江大桥——人民桥和扩建海珠桥以及洪德路扩建工程启动；晓港公园建成并向人民群众开放；新建石溪水厂，为海珠工厂企业和人民群众提供了优质用水；逐步完善区"三防"指挥部各级建制，力保卫生防疫不脱节，并支持基层的群众文化活动。

1976年10月，"文化大革命"结束。在解决"文化大革命"历史问题的同时，海珠区努力推进各方面的社会建设：通过广泛开展社会主义劳动竞赛、大力发展电子工业，整顿了全区工业；通过加强民房建设、增加商品供应，提高了人民生活水平；通过举行各类科技学习班和座谈会、建立各级科研技革小组，发展了科学文化事业；通过积极培训师资、办好重点中小学，提高了文化教育水平；通过播映一批被禁锢的优秀电影作品，促进了文艺事业的发展；通过开展爱国卫生运动、扩大医疗服务项目，改善了公共卫生环境。

1978年，海珠区响应中央的号召，积极开展关于"实践是检验真理的唯一标准"的讨论，使区内党员干部和广大人民群众的思想得到解放。从中华人民共和国成立到中共十一届三中全会召开的29年间，海珠区的各项建设事业曲折前进，各界人民群众在中国共产党的领导下最终取得社会主义革命和社会主义建设的伟大成就。

迈向改革开放历史新时期

在开展"实践是检验真理的唯一标准"大讨论后，1978年12月召开的党的十一届三中全会，重新确立了正确的思想路线、政治路线和组织路线，作出了实行改革开放的重大决策，给经济发展带来了无限生机和活力。海珠区通过开展真理标准问题大讨论，廓清了思想迷雾，统一了前进的步伐，进一步平反冤假错案，确定了解放思想、实事求是的指导方针，将工作中心转移到经济建设上来。经过整顿区街经济，恢复和发展了生产，并借助毗邻港澳的地域优势，率先突破禁区，大胆招商引资，推动经济持续快速增长，逐步发展成为具有较强经济综合实力的中心城区。

一、区街经济发展迅猛

（一）敢为人先，突破禁区内联外拓

从20世纪50年代后期到"文化大革命"结束前，海珠区的街道逐步组织了劳动服务社（站），吸收街内的闲散劳动力，出现了"生产自救"性质的街道经济雏形。十一届三中全会后，中央开始对城市经济体制改革进行探索，海珠区委开始着手改革区街经济。为解决场地问题，街道利用空地搞临时建筑，从而"筑巢引凤"，同时根据改革开放的精神，采用变通的办法搞活资金。区委领导下的大胆改革对街道企业的发展无疑起到了"定心丸"

的作用，街道工业开始根据市场需要灵活调整生产布局，积极生产适销对路的产品，月产值、纯利润有了大幅提升。区街经济从"拾砖头起家"到"集体资产"再到"国有资产"的发展历程，是一次从"违法"到"合法"的大胆探索。

70年代末期，街道企业都是小规模的厂社，主要是为国营大工厂提供来料加工服务。为改变这种生产模式，街道企业抓住国家允许开展跨地区、跨行业联营的有利时机，率先探索出一条内联与外拓结合的新路子。当时，内地许多国营大企业急于在邻近港澳的广州寻求对外贸易的桥头堡，而区街企业正需要"借船出海"实现发展。1981年，南华西街与北京化工厂联合开设了化工产品联营部，拉开了海珠区"联营"发展的序幕。

由于是"摸着石头过河"，市场一放开，就出现了国民经济比例失调、投资过热、财政赤字等种种问题。于是，改革开放后的首次宏观调控开始了，计划外的投资被全面压缩。1981年，中央召开工作会议，主要讨论国民经济调整问题，广东省坚持利用好中央给的特殊政策、灵活措施，先走一步。正是在这样一个时代背景下，海珠区上下一致，继续敢闯敢试。南华西街提出了实行"宜小则小，宜大则大，宜内则内，宜外则外，宜工则工，宜商则商，老厂带新厂，新厂促老厂，东方不亮西方亮，大中小项目一起上"的街道经济发展方针，放开手脚大胆干，自此走上了经济发展的快车道。1984年，区街工业利润已居全市各街道之首，1985年工业利润登上1500万元的台阶。[①]在南华西街的示范带动下，海珠区街企业不但引入了资金、设备，还获得了专家、技术骨干的支持，与国内多家大中企业实行了横向经济联合，实

---

① 中共海珠区委党史研究室编：《广州市海珠区改革开放纪实第一辑》，广州出版社2015年，第99页。

现技术改造、设备改良，工业利润显著提高。

为了进一步实现"外拓"，海珠区采取"远交近取"策略，组成信息网络。"远交"就是冲出省外，在华东、华中、西南、西北等地区建立信息沟通基地，交流经济信息和经验；"近取"就是同省内深圳、珠海、汕头等经济特区加强交流，获知境外的一些经济动态和特区实行的一些特殊政策和灵活措施，组成信息网络，及时掌握市场讯息，并将汇集得到的信息及时传输到有关街道和厂企，例如新港街搪瓷厂得知欧、美等地盛行野外烧烤活动，于是及时研制出新型的搪瓷烤炉，畅销国外。同时，组织产品展销活动，积极发动全区基层工业公司和厂企，参加每年两次的广交会，更直接地触摸境内外市场脉搏，生产"适销对路"的产品。1977—1987年，海珠区的工业产品种类由初期的200多种猛增至近3000种，产品门类比较齐全，还为国营工厂生产各种零配件，如自行车、缝纫机、电池配件等，成为一些国营企业的得力助手。

（二）改革外经贸体制，推动街道企业发展

根据中央、省、市提出的发展外向型经济战略，海珠区委加强对外经贸工作的领导，采取了一系列措施，推动对外经济发展。成立了区对外经济委员会，由一位区领导兼任外经委主任，加强对外经济工作的领导。外经委在业务上有其独立性，在管理上同时受区经委的指导。

海珠区委"摸着石头过河"，以各方面工作基础较好的南华西街为试点，率先发展多元化经济，同北京、上海、山东潍坊等地开展工贸、技术协作，开发新产品，带动全区对外经济发展。宝岗、小港、海幢、洪德等街道筑巢引凤、腾笼养鸟，拿出最好的厂房来提供给外商，把一些效益不大而场地较好的企业厂房腾出来，引进外经业务。参照经济特区采取"特殊政策、灵活措

施"的做法，给外商优惠，如新项目、新企业免税三年，免交管理费，经过批准有些产品可以在内地市场销售一部分等。号召职工积极"穿针引线"，"谁有亲戚朋友在大厂工作的，不管内地的厂也好，港商的也好，外国的也好，联系回来，与街道商量合作"，对引进"三来一补"项目成功投产的人员给予一定的资金奖励。通过把对内经济与对外经济拧成一股绳，优势互补，形成合力，到80年代中期，海珠区的外经贸工作十分活跃。

（三）建立工业园区，推动规模经济发展

改革开放之初，小规模企业由于经营灵活，具有"船小好掉头"的特点，让街道经济上了一个台阶。随着经济体制改革步伐的加快，区委领导班子达成共识，发展规模经济，对增强海珠区经济实力具有重大的现实意义和深远的战略意义[1]，提出"大办企业、办大企业"的发展方针。

在区委的领导下，各街道积极进行企业兼并和转产，南华西街、海幢、跃龙、洪德、小港等街到新滘的石溪、南边、燕子岗、五凤等征用闲置农地建立颇有规模的工业区。1978年至1995年，广州造纸厂、广重集团、五羊摩托厂、华南缝纫机厂等知名工业企业蓬勃发展，百事可乐、珠江啤酒厂落户，区街工业快速发展，工业增加值由1978年的2.92亿元上升到1995年的30.59亿元，年均增长15.4%，占地区生产总值比重维持在35%以上，成为推动全区经济发展的主力军。

随着全市"东进南拓"进程加快，海珠区中心城区地位被确立，区位的提升促进了区内工业的更新换代。海珠区积极引导培育有比较优势的都市型特色的新型加工制造业产业园区，建设海

---

[1] 中共海珠区委党史研究室、海珠区档案局编：《中国共产党广州市海珠区历次代表大会文献汇编（1956年5月—2011年9月）》，2012年，第277页。

珠科技产业园，努力提升服装、饮料、食品、机械制造等传统加工制造业的持续发展能力。通过不断调整优化，工业方面形成了以交通运输装备制造业、饮料制造业、医药制造业、造纸及纸制品制造业、电气机械及器材制造业、通信设备计算机及其他电子设备制造业为主导的六大产业，工业增加值由35.81亿元增加至84.22亿元，年均增长11.4%，占地区生产总值比重26.5%，成为全区经济第一大行业。

（四）积极发展第三产业，优化产业结构

从20世纪五六十年代开始，海珠区一直是一个传统的工业区、农业区，产业结构单一。随着广州市实施"退二进三"政策，海珠区紧抓发展机遇，大力发展第三产业，有效地推动了产业结构的调整，拉动了全区经济的增长。从1978年至2012年，第三产业增加值由1.41亿元增加到834.86亿元，第三产业对全区经济增长的贡献率为93.2%，三次产业比重由1.5：69.7：28.8调整为0.2：16.3：83.5。

房地产业是海珠区第三产业的重要组成部分。中华人民共和国成立之初，区内的住房建设也是以工业为中心，除了工业厂房就是与此配套的工人住宅楼。改革开放后，宜商宜居成为海珠区的发展目标之一。区委明确提出要大力发展以住宅建设为主体的房地产开发及相关行业，把房地产业培育成为区经济的重要支柱。1990年至1992年，海珠区房地产开发面积23.6万平方米，竣工面积13.8万平方米，创税6035万元。1996年，房地产开发项目283个，1997年为386个，2000年增至619个，占地面积1065万平方米，总建筑面积2998万平方米。2002年，区域内房地产开发完成投资102.48亿元。[①]20世纪90年代，多个新型、高标准的住宅小区陆续建成，如海珠半岛花园、金雅苑、丽景湾等。安全舒适的住宅小区不仅改善了本地人的居住条件，还吸引了大量的"新广州人"，1998—1999年，买房入住海珠的人数高达9万多，"宁要河北一张床，不要河南一间房"成为历史。进入21世纪，海珠区的住宅建设更是全面开花，金碧湾、光大花园、富力现代广场等住宅小区如雨后春笋般出现。[②]2005年，海珠区房地产业占地区生产总值比重达14.3%，跃升为全区第三大行业。

　　商贸服务业是海珠区第三产业的另一个重要组成部分。历史上，海珠区的商业建构一直比较滞后。进入80年代，区委、区政府认真贯彻执行经济调整的方针，放开农产品统购统销，扶持个体摊档。1983年，区街办的商业、服务业营业收入同1979年相比，增加了26倍，9个农副产品贸易市场的商品成交总额为1979年的6.8倍。[③]在"大市场、大流通、大服务"的战略思想指导下，海珠区加强对专业市场建设的引导和扶持，培育新的经济增长点。广州大道南专业市场汇集天雄纺织城、华南鞋业城、华南汽贸城等17个上规模、上档次、规范化的大型专业批发市场群，占地面积30万平方米，成为海珠区的物流经济走廊。在海珠购物中心的示范作用带动下，江南大道中商业繁荣的态势加速形成，区属商业网点进一步升级，"河南赚钱河北花"的消费传统发生了巨大变化。从2001年到2012年，全区商品销售总额从206.97

---

　　①　中共广州市海珠区委政策研究室编：《海珠调研撷英（2000）》，2001年，第7页。

　　②　中共海珠区委党史研究室编：《广州市海珠区改革开放纪实第二辑》，广州出版社2017年，第59页。

　　③　中共海珠区委党史研究室、海珠区档案局编：《中国共产党广州市海珠区历次代表大会文献汇编（1956年5月—2011年9月）》，2012年，第114页。

亿元提高到2655.80亿元。2012年，全区年销售额超亿元商业企业有114家，全区实现社会消费品零售总额637.82亿元，比上年增长15.2%。其中批发零售贸易业实现零售额541.12亿元，增长12.1%，住宿餐饮业实现零售额96.70亿元，增长36.9%，全区连锁超市零售额62.25亿元，同比增长10.0%。

2008年，广交会整体搬迁至琶洲。经过几年的发展，海珠区成为全国会展商务活动最集中、最活跃的区域之一，会展业则成为区商贸业发展的"加速器"。在会展经济的带动下，海珠区商品销售总额连续6年每年递增100亿元以上，年均增幅超过25%，2010年增幅更是高达52.9%。与此同时，海珠区紧抓机遇，加快构建以会展经济为龙头，总部经济为重点，商业贸易、科技服务、文化创意产业为支撑的现代服务业发展格局，大力发展高端产业。2012年，海珠区认定了广州联合交易园等一批新总部企业，全区重点总部企业由2011年的85家增加到95家，总部企业实现增加值242.93亿元，同比增长15.5%，占全区地区生产总值的比重达24.2%。

二、乡镇企业异军突起

（一）"三来一补"企业纷纷落户，让乡镇企业如虎添翼

改革开放后，中央作出了进一步开放包括广州在内的14个沿海城市的决定。海珠区抓住机遇，切实贯彻中央关于改革开放的一系列政策，充分发挥毗邻港澳、华侨众多、与海外市场联系密切的优势，及时调整经济发展思路，参照经济特区的政策逐步探索发展"三来一补"（"三来一补"是：来料加工、来样加工、来件装配、补偿贸易）为主要业务的外向型经济，从而使海珠区经济社会发展实现了质的飞跃。

1979年6月，海珠区大胆利用外资，创立了全市第一个"三

来一补"企业——海珠区手表装配厂。装配厂投产初期便创汇港币1380多万元，加工费收入人民币627万元，共获利润335万元，利润率为50%。在这个厂的影响和带动下，海珠区先后与外商办起了毛织厂、织造厂、服装厂等一批合资、合作企业，外向型经济发展迅速。在巩固和发展"三来一补"业务的同时，海珠区积极发展合资、合作企业，引进了一批境外先进设备和技术，联合开发了一批出口创汇产品，打入国际市场，从过去以加工为主发展到兴办商业服务、开发房地产业、研制新产品、建设以工业厂房为主的工业基地等。"七五"期间，外商投资企业实际利用外资1692万美元，年均递增34.8%，比"六五"期间增长18倍。1990年，海珠区出口创汇6428万美元，全区共有外商投资企业13个，有对外来料加工装配企业247个，外商投资企业销售（营业）收入2.42亿元，其中出口产值为4972万美元，企业产值达到2.28亿元，占全区工业总产值的32.6%，成为全区经济中重要的组成部分。

海珠区在稳定"三来一补"业务的同时，把引进外资的重点放到发展一批技术、资金密集型和年创汇百万美元以上的外向型企业上来，积极利用外资开发房地产业、商业服务业和旅游业。大力发展对外贸易，支持区属企业集团争取自营产品进出口权，筹建广州国际经济技术合作公司海珠分公司和澳门羊城实业公司海珠分公司。鼓励企业到境外创办实业，建成老挝亚努中心等一批境外企业，在香港创办经济实体，建立拓展国际市场的立足点，巩固和发展与港澳地区的经贸关系，开拓与东南亚、中东、独联体、韩国等周边国家和地区的经贸合作。20世纪末，外向型经济对全区经济发展发挥了重要的带动作用，外贸出口总额不断递增。1979—1990年，全区出口贸易额达1.4亿美元，平均年递增率为64.51%。外向型经济的快速发展，促进了全区经济的发展和社会的繁荣。

（二）深化农村经济体制改革，新滘镇获"全国百强镇"称号

党的十一届三中全会统一了全党对农业问题的认识，农村经济体制改革拉开了序幕。全会制定的两个农业文件，强调了在农村中除了要经营农业之外，还要经营农副产品加工业和商业，逐步把农业发展成农工商一体化的联合产业。这打破了过去一个时期把农村的社队企业当作"资本主义尾巴"加以打击和取缔的"左"的思想禁锢，从而为农村加工业和商业的发展提供了较为宽松的政策环境。

海珠区的农业经济大部分集中在新滘镇。中华人民共和国成立后，新滘镇所辖的乡村（包括沥滘村革命老区村）里已有碾米、制糖、修船、竹器编织、刺绣等小型手工业作坊，但绝大部分属手工生产。改革开放后，广东省抓住港企升级转型，急于安置"腾笼换鸟"后大量工业设备的机会，将一大批转型的企业引入珠三角乡镇。这个时期，新滘公社和各大队兴办了农机修造厂、船舶维修厂、汽车拖拉机维修厂、耐火材料厂、制糖及酿酒厂等一批劳动密集型企业，新滘地区乡镇企业产值很快就超过了农业，成为农村经济的主体，实现了以工业补农业，以工业促副业。1980—1984年，新滘公社社队企业总产值从2380万元增至10013万元，首次实现了生产总值超亿元，利润也从269万元增至418万元。

20世纪八九十年代，各种体制的乡镇企业蓬勃发展，形成了"百花齐放，满园春色"的大好局面。新滘镇有年总产值超1000万元的百事可乐汽水厂，超500万元的服装总厂、第一水泵厂、小洲织布厂，江南大厦的建成更是为村社与外商联营、打造乡镇企业的"航空母舰"竖立了标杆。在镇办龙头企业的引领下，新

渧的村办企业和联户企业、个体企业也大量涌现，1986年共有大企业880多家。1986—1997年，乡镇工业总产值从1.9亿元增长到29.9亿元①，成为海珠区经济的"半壁江山"。1990年，新滘镇被国务院评为"全国百强镇"之一。

（三）保护"南肺"，发展都市农业

海珠区新滘镇是广州市传统的果蔬基地，尤其是位于海珠区东南部的万亩果园，是中国著名的"水果之乡"，其中近100种水果早已闻名中外，荔枝、香蕉、木瓜和菠萝被誉为"岭南四大佳果"。长期以来，这里不仅是数万果农赖以为生的根本，还为广州市提供了良好的生态基础，成为与"北肺"白云山遥相呼应的"南肺"。遗憾的是，在城市化进程不断加快的同时，人们的环保意识却没有及时跟上，"南肺"开始"患病"，慢慢"呼吸不畅"。恶劣的环境致使果树不开花，开花也不结果，严重的甚至逐步枯死。加上广州城市化向东南推进，"南肺"也不断地被过度开发，面积大幅度减少，"南肺"在萎缩。

"南肺"岌岌可危的严峻形势，引起了各级政府的高度重视。1991年4月19日，广州市政府批准实施《广州市海珠区分区规划（1990—2010年）》。该规划明确提出，海珠区是重要的水果和蔬菜生产基地、是广州的"南肺"，要严格控制保护区用地。1999年，《广州市海珠区果树生态保护区总体规划》经批准实施，万亩果园的功能定位从重生产向重生态转变。经过一系列有力措施，万亩果园稳定下来，并逐步呈现良好的发展势头。国务院关于发展高产优质高效农业的决策部署，进一步稳定了万亩果园的发展。为推进"三高"农业发展，区委、区政府根据海珠

---

① 中共广州市海珠区委：《关于海珠区新滘镇集镇小区规划的报告的批复》，1987年7月30日。

区的实际情况，扎实开展"三高"农业的创新工作。区、镇两级分别创办了以蔬菜、花卉为主的"琶洲基地"和以水产养殖、奶牛饲养为主的"官洲陈沙养殖场"两个"三高"农业工厂化生产现代农业示范基地。在区内涌现了一批规模较大、集约化程度较高的专业户、专业场，基本形成以"三高"农业为主体的城郊型农业生产格局。

农村经济是海珠区经济的半壁江山，海珠区委、区政府通过保护"南肺"和发展都市农业，促进了农村经济持续、快速、健康发展，加快了海珠农村"告别贫穷、走向富裕、走向文明"的步伐，为全区经济社会发展"增创新优势，更上一层楼"作出了新的贡献。

三、各项社会事业巩固和发展

（一）教育事业全面发展

1977年恢复高考后，中国的教育事业奋起直追。改革开放初期，海珠区教育基础薄弱，学校数量较少，老校、名校更少，师资、校舍、教学设施缺乏，教育一直处于相对落后状态。海珠区是人口净增区，长期存在小学适龄儿童入学难的问题。海珠区采取多项措施，实施全面改革，急起直追，率先在全市实现了"一无两有"[①]，普及了小学义务教育，中学教育也走上了正轨。

区委、区政府把教育放在基础性、先导性、全局性优先发展的战略地位，实施"科教兴区"战略，大力发展教育事业。1983—1999年，市和区共对海珠区投入教育资金6.68亿元[②]，实施学校综合改造工程，增加校舍面积8.03万平方米。促使教育均

[①] "一无两有"是指全区学校无危房，学生人人有科室、有桌椅。

[②] 《广州市海珠区教育志（1840—1990）》第185页、第189页。《广州市海珠区教育志（1991—2000）》第130页、第132页。

衡发展是海珠区重点解决的问题。由于海珠区长期存在城乡二元结构，部分厂企学校、原村镇学校、民办学校的办学条件和办学质量较低，办学条件与管理水平不高。为此，海珠区实施了"培优扶弱"的政策，通过加强学校综合改造、整合优化教育资源、推进教育信息化工程等措施，使海珠区教育逐步实现了资源与结构的均衡化发展。1986年5月，海珠区接管了新滘镇20所公立小学、4所中学、2所幼儿园和3所厂办学校后，采取了教师脱产进修、与区内其他学校结对子、改善办学条件等一系列措施，办学质量得到较大提升。

海珠区是外来人口大区，区委、区政府坚持将流动人口子女的教育纳入全区教育发展规划，积极探索多元体制办学新路子，鼓励、支持多种社会力量以多种形式投资办学，形成了以政府办学为主体，公办学校与民办学校共同发展的多元化办学格局。2002年，全区民办中小学24所，在校学生占全区的22.45%；民办职中、幼儿园和教育机构共299所，并涌现出中大附中、北大附中广州实验学校等一批民办名校。

通过一系列有力措施，海珠区教育质量得到较大提升。1982年，海珠区被评为"广东省普及小学教育先进区"，1994年被评为全国"普及九年义务教育先进区"，1998年海珠区公办中小学均通过了广东省"达标学校"评估验收。2003年12月，海珠区获得了广东省"教育强区"荣誉称号。

（二）文、体、卫事业健康发展

改革开放后，海珠区文、体、卫等各项社会事业取得长足发展，人民群众素质持续提高，经济和社会和谐协调发展。

文化事业繁荣发展。为了让广大群众"知我海珠、爱我海珠、建我海珠"，1981年海珠区委宣传部会同区政府文化科拟定《关于发展我区文化事业的十点建议》，后增加十点补充建议，合称"文化二十条"。实施文化惠民工程，建成海印"周周乐"等群众文化广场，办好第三届岭南书画艺术节、第三届广东珠三角咸水歌会等大型群众文化活动。推进黄埔古港古村等一批4A级景区创建工作，建成黄埔古港历史文化景观区。加强对南华西街等历史文化街区的保护利用，不断加大对岭南古琴、咸水歌、广式家具、陈李济中药文化等非遗项目的保护和传承力度。1995年，海珠区荣获"全国文化模范区"称号，成为当时广东省仅有的两个全国文化模范区之一，也是广州市最早获此殊荣的城区。此外，海珠区还是首批"广东省文化先进区"之一，并获得群众文化领域的全国最高奖项"群星奖"等多个金奖。

体育事业稳步发展。海珠区的体育事业与其他行业一样，在改革开放号角的鼓动下，步入了健康、有序、快速发展的轨道。广泛开展各层次的群众性体育活动，如南华西街从1978年开始，组建了乒乓球队、篮球队、羽毛球队、游泳队、田径队、太极拳队、广播体操队等体育组织，每年举办一届街道运动会，吸引了全街老中青少幼和残疾人踊跃参加。2012年，全区共有全民健身广场17个、篮球场265个、健身路径296条，全区人均公共体育面积达1.6平方米，经常参加体育锻炼人数占总人口的比例为65%。大力加强国家高水平体育后备人才基地建设，在市级以上各项比赛中，共获金牌185枚、银牌121枚、铜牌111枚。海珠区运动员张洁雯获奥运会羽毛球女双冠军、世界羽毛球锦标赛女双冠军、羽毛球世界杯女双冠军；谢杏芳获世界羽毛球锦标赛女单冠军、女团冠军，羽毛球世界杯女单冠军。除了世界冠军张洁雯、谢杏芳毕业于南武中学外，著名足球运动员容志行、古广明、陈熙荣、吴群立，乒乓球运动员林美群，篮球运动员吕锦清，网球运动员李心意、李燕玲，跳远运动员廖文芬等，均在海珠区小学受过培养。

卫生事业成效明显。经过医疗体制的不断改革，海珠区由原来的"企业办医"为主发展到覆盖全社会的卫生事业体系，积极开拓联合办医的新路子，努力提高全区人民的健康水平。1983年，海珠区恢复了中医院，新建和扩建了卫生院，增加了病床，医疗设备数量增多，质量和技术逐步提高，医疗服务项目显著增加，居民的医疗条件得到改善。2012年，全区共有各类卫生机构243间，其中医院21间，社区卫生服务中心（站）44间，门诊部39间，卫生所、医务室128间，公共卫生机构9间，其他卫生机构2间；拥有医疗床位7954张，全区卫生技术人员11775人。通过有计划有步骤地培训医务人员，大力发展多形式办医和开展专科诊治，增强各类医疗单位防病治病能力。

（三）逐步建立社会保障体系

在发展经济的同时，海珠区大力推进"幸福海珠"建设，群众获得感和幸福感明显增强。

不断完善社会保障体系。1999年，海珠区开始建立社会保险保障制度，2003年初步形成以养老、失业、工伤、生育、医疗为重点的综合社会保障体系。从2002年到2012年，全区参加社会养老保险人数从8.7万人提高至32.2万人，全面推进城乡最低生活保障制度。2012年，共为4200户低保户8204人发放低保金3735万元；资助8407名低保、低收入、重度残疾人、优抚对象等人员参加医疗保险；医疗救助16127人次，医疗救助金支出568.49万元。

从20世纪80年代中期开始，以南华西街等为试点，逐步建立以社区居委会为依托，以街道社区服务中心为主阵地，以发展福利事业单位为重点的社区服务格局。1992年12月12日，广州市最大的街道社会福利院在南石头街动工兴建，后被民政部称为"街办福利院全国之最"。

（四）社会主义法治建设

党的十一届三中全会后，与经济体制转轨相适应，国家的法治建设也进入了快车道。1987年5月，广州市政府将海珠区定为依法治区试点区。随后，海珠区在普法、行政执法、司法和基层依法治理方面进行了有益的探索。

建立完善公共法律服务机构。1981年9月，海珠区司法局成立，作为海珠区人民政府下属主管司法行政工作的政法机关，为海珠区开展法律服务提供了组织保障。20世纪八九十年代，海珠区实行以"两所一处"（公办律所、基层法律服务所、公证处）为框架，提供调解、普法和基层法律服务为内容的公共法律服务模式，有效满足辖区群众日益增长的法律业务需求，为当时的经济发展提供了最基本的法律服务保障。进入21世纪，律师事务所和法律事务所实现脱钩改制。

独立推进司法体制改革。1997年后，区检察院推进司法改革，全面推行检务公开，推行机构和干部管理制度改革，完善行使检察权的监督机制等，先后获得全国检察系统"人民满意的检察院""模范检察院"等称号。区法院全面落实公开审判制度，改革完善审判方式；推行诉讼证据制度改革，制定民事、行政诉讼证据的相关规定，改革完善诉讼制度；实行法官任职前的审核制度，改革完善法官制度，连续两次荣获全国法院系统"人民满意的好法院"称号。

大力促进依法行政。区政府部门着重加强行政执法队伍建设，进一步建立和健全依法行使权力的制约机制，建立和完善执法责任制和评议考核制度。坚持公平、公正、公开的原则，进一步健全和完善公开办事制度和监督制度，在群众中树立起良好的执法队伍形象。

深入开展法治宣传教育。2001年，全区开通了全国首家区县级普法信息网，提供了贴近群众生活的各类案例以及法律咨询等快捷方式，打造普法中坚阵地。从青少年法治教育入手，2002年建立了海珠区青少年法治教育基地，每年组织全区中小学生有计划地分校分班到基地接受教育，构建全区普法网络。

（五）社会主义精神文明建设成绩斐然

改革开放后，精神文明建设被提到一个重要的位置，全国兴起了一手抓物质文明建设，一手抓精神文明建设的热潮。从20世纪80年代起，海珠区旗帜鲜明地推进社会主义精神文明建设。1979年，区委向全区发出了绿化美化城区的号召，从抓环境的美化、净化入手推进精神文明建设，全区环境卫生面貌有了明显的改观。1981年后，海珠区坚持每年在全区范围内开展文明礼貌月活动。[①]1982年，在全国推行"五讲四美三热爱"活动的热潮中，海珠区在全市各区中率先提出"创建文明城区"概念。

在精神文明建设过程中，海珠区以抓好试点、宣传典型为主要做法，将南华西街打造成海珠区精神文明建设的排头兵。改革开放后，南华西街在大力抓物质文明建设的同时，大力抓精神文明建设，始终坚持两个文明一起抓。1981年初，南华西街在开展"五讲四美"活动时，以清洁卫生为突破口，治理脏、乱、差，"净化、绿化、美化"环境，通过调整工业布局、改善生态环境、培养"四有"新人等举措，三五年时间便将南华西街建设成为园林式的绿街花巷，有效提高了全体职工、党员干部的思想觉悟、文化素质和科技水平，树立起谈理想，讲拼搏，遵纪守法的新街风，促进了"绿街文明"在南华西街的逐步成型。几年下来，南华西街成为两个文明建设的先进典型，荣获了"全国精神

---

① 中共海珠区委党史研究室、广州市海珠区档案局编印：《中国共产党广州市海珠区历史大事记》，2001年5月，第11页。

文明建设先进单位""全国先进基层党组织""全国双文明建设中华第一街""中国街道之星""全国最佳街道"等荣誉称号。自1986年起，中共中央、国务院主要领导多次到南华西街视察。

多年来，南华西街创造出来的"四个一"基本经验在全区不断推广。从整治环境到社区服务，从抓南华西典型发展到每个行业都抓典型，海珠区在城市、农村、机关、学校等领域发掘了15个典型，在全区形成了良好的文明建设氛围。"一花独放不是春，万紫千红春满园。"海珠区精神文明建设从南华西街一个点，到全区各个街道、企事业单位、大专院校全面铺开，全区呈现出蒸蒸日上的崭新面貌。仅1993—1997年，海珠区便获得"全国民政工作先进区""全国文化模范区""全国特殊教育先进区""全国科技工作先进区"等24项全国先进（优秀）集体称号。

第三节 新时代海珠改革发展实践

一、勇当"四个走在全国前列"排头兵

党的十八大以来，海珠区坚持以习近平新时代中国特色社会主义思想为指导，深入贯彻党的十八大、党的十九大精神和习近平总书记对广东、广州提出的"四个走在全国前列"，老城市新活力、"四个出新出彩"等重要指示批示精神，积极践行"创新、协调、绿色、开放、共享"的发展理念，围绕区第十一次党代会确定的"建设国际展都、广州绿心、文化名区、幸福海珠"和区第十二次党代会确定的"建设创新之区、国际商贸交往中心区、生态文明示范区、文化名区、幸福美丽海珠"目标，大力推动创新发展、集聚发展、生态发展、幸福发展，开创了现代化中心城区建设新局面。

（一）在构建推动经济高质量发展的体制机制上，海珠区深化供给侧结构性改革，加快形成有利于高质量发展的制度供给、服务供给、要素供给和完备的市场体系。

供给侧结构性改革就是要调整经济结构，使要素实现最优配置，提升经济增长的质量和数量。为推进供给侧结构性改革工作，海珠区编制了《海珠区供给侧结构性改革工作方案（2016—2018年）》，落实"去产能、去库存、去杠杆、降成本、补短板"的要求，优化生产要素配置，进一步激发内在动力、优化结

构、提高质量、防控风险。

良好的营商环境是一个国家或地区提高综合竞争力的重要方面。经过改革开放几十年的发展，海珠区委、区政府深切感受到营商环境的极端重要性，始终把营商环境的优化作为重要工作抓实抓好。聚焦创新岛建设，海珠区把经济扶持政策创新工作作为营造现代化国际化营商环境的重要抓手，出台了海珠创新岛"1+6+1"产业政策体系文件（简称"海珠创新岛十八条"），即《广州市海珠区加快建设创新岛若干措施》《广州市海珠区支持企业创新发展实施细则》《广州市海珠区支持新兴产业发展实施细则》《广州市海珠区支持创新载体建设实施细则》《广州市海珠区支持创新平台建设实施细则》《广州市海珠区支持创新资本集聚实施细则》《广州市海珠区支持创新人才集聚实施细则》《广州市海珠区建设创新岛专项资金管理办法》，提出包括创新企业奖、新兴产业奖、创新载体奖、创新平台奖、创新资本奖、创新人才奖六大类政策，建立了简明高效、系统集成的产业促进政策体系，着力打造企业投资首选地和最佳发展地。

政务改革是海珠区优化营商环境的另一个着力点。近年来，海珠区大力推进行政审批制度改革，建成"1+1+10+18"政务服务体系，高标准建设了市政务琶洲分中心，成为全国首家第四代政务服务中心。海珠区被国务院定为全国基层政务公开标准化、规范化100个试点单位之一。推行权责清单管理制度，公布35个部门4067项权责事项、街道办事处129项权责事项。完成政务服务"一窗办"改革，全区84项公共服务事项实现"一站式"集成受理。推进"马上就办，最多跑一次"政务改革，梳理公布三批363项的"马上就办"事项目录，67%的非现场勘查类事项实现"最多跑一次"；164个事项可实现容缺受理。深化商事登记制度改革，推进"一照一码"登记制度改革，实现企业"五证合一"和个体工商户"两证整合"。改革以来，新设立企业数量达2万多户，同比增长44.14%。[①]

简约高效的管理体制是推动经济高质量发展的有力支撑。海珠区印发实施《关于切实加强街道工作进一步调动基层积极性的意见》及配套文件，按照"条服务于块、块优先于条"的思路，推动治理重心下移、资源配置向基层倾斜。统筹配置行政处罚职能和执法资源，解决职能交叉、多头执法等问题。建立健全各行业各领域质量管理体系、标准化管理体系，加强企业标准化能力建设，鼓励企业参与各级标准制定修订，探索发展团体标准，争取行业话语权。

（二）在建设现代化经济体系上，海珠区坚持以创新集聚为引领，大力推动转型升级，加快发展高端高质高新产业，构建现代产业体系。

创新发展成为海珠区推动经济腾飞的重要抓手。党的十八大提出，科技创新是提高社会生产力和综合国力的战略支撑，强调要实施创新驱动发展战略。海珠区实施创新驱动发展的优势和机遇十分明显。2015年8月19日，由南方报业传媒集团、广东省社会科学院、中大创投等知名机构组成广州创新发展观察团，在南方日报社张东明社长、广东省社会科学院王珺院长带领下，第一站便来到海珠区，15名顶尖观察团专家成员调研考察了广一国际电子商务产业园、琶洲互联网创新集聚区、腾讯微信总部，为海珠区创新发展把脉、建言谋策。观察团成员认为，海珠区是广州创新发展的热点区域，是一片创新创业集聚的沃土。海珠不仅是广州的明珠，还应该是全球互联网发展的璀璨明珠，引领全球新

[①] 中共海珠区委办公室：《情况反映（改革工作专刊）》〔2018〕第14期《改革铸辉煌，谱写新篇章——数说海珠改革开放四十年》，2018年8月。

一轮互联网创新浪潮。在广州乃至全省的创新格局中，海珠区将扮演重要角色。

海珠区委、区政府高度重视创新发展。"十二五"期间，海珠区将科技服务业确立为四大主导产业之一，科技行业逐渐成为拉动区域经济增长的主要力量之一。2014年，全区科技服务业实现增加值80.02亿元，增长9.2%，高于全区地区生产总值增速；全区规模以上工业企业高新技术产品产值占规模以上工业产值的比重达40.1%。全区高新技术企业增至78家，铂涛酒店集团与广州优家入选2014年度中国最佳创新50强企业。海珠区被评为全国科技进步考核先进区、2014年度国家知识产权强县工程试点区。

琶洲新一轮开发建设是海珠区推动创新发展的重大机遇。海珠区紧抓这一机遇，大力打造广州人工智能与数字经济试验区琶洲核心区。几年下来，琶洲核心区规划建设有力推进，引进了腾讯、阿里巴巴、唯品会、复星、小米、科大讯飞等一批互联网领军企业的核心项目，高端要素集聚效应逐步显现。在琶洲核心区的发展带动下，信息传输、软件和信息技术服务业加快聚集发展，2017年规模以上企业实现营业收入121.87亿元。

新兴金融的蓬勃发展是海珠区创新发展的有力支撑。海珠区大力促进科技、金融和产业融合发展，全国首个风险投资大厦、全国首个创新资本研究院、广州首个创投小镇落户海珠区；保利金控、TCL金控等落户琶洲，广州市新三板企业协会落户广州塔。2017年，全区新三板挂牌企业、股权交易中心挂牌企业分别为35家和315家。海珠区研发经费投入呈持续增长态势，2017年研发经费投入占地区生产总值比重达3.15%，专利申请量6117件。

产业转型升级是海珠推动经济腾飞的又一重要抓手。随着广州市"退二进三"政策的实施，海珠区的产业结构发生了重大变化。五羊本田摩托集团、广州造纸厂、珠江啤酒厂等100多家高污染、高耗能工业企业陆续迁出海珠区。在"退二"的同时，海珠区积极做好"进三"工作。一方面，积极争取退出的工业企业把研发总部、销售总部留在海珠区，如珠江啤酒集团将原厂区改造为企业总部，打造成为国内外啤酒知名企业的总部、会展、贸易基地。积极推动制造业转型升级，陈李济、天心、奇星等制药企业被认定为广州市制造业转型升级示范企业；积极引进了中石油天然气南方公司、派丽德高等总部型工业企业。另一方面，积极利用旧厂房和地块发展现代服务业，建成了T.I.T创意产业园、广州创投小镇、联合交易园等产业园区，重点发展以新一代信息技术、高端商务、科技服务、现代商贸会展、文化旅游为主导的现代产业。

重大发展平台是海珠区推动经济发展的重要引擎，区委、区政府提出构建"一区一谷一圈"格局，打造高质量发展的优质载体。一是在东部建设"广州人工智能与数字经济试验区琶洲核心片区"，整体定位为广州"数字+会展+总部"融合创新的产业新高地。重点打造创新型数字经济总部优势集群，在新一代信息技术领域形成一批原创性技术研发成果和应用创新示范项目；依托中国进出口商品交易会，搭建现代会展业与科技创新的交流平台，推动"线上数字经济+线下实体会展"融合转型。二是在中部建设"中大国际创新生态谷"，整体定位为粤港澳大湾区国际科技交流合作枢纽、创新创业集聚高地和生态休闲特色空间。重点打造新港路科技创新带，推动科研资源整合与优质产学研成果落地、转化、应用；推动中大纺织商圈向数字化、规范化、高端化、品牌化、时尚化方向发展，打造国际时尚纺织中心；充分发挥海珠湿地生态优势，实现生产、生活与自然无界共生。三是在西部建设"海珠新活力文商旅融合圈"，整体定位为广州历史文化传承地与品质消费体验地。充分整合大元帅府、第一次全国劳动大会旧址、南华西骑楼街、十香园纪念馆等历史文化资源；通过"修旧如旧"模式建设更多"太古仓式"的滨水特色消费区域；推进"江南西—宝业路—金沙路—太古仓"商业美食大道建设，打造历史文化传承地与品质商圈体验地。

（三）在推动形成全面开放新格局上，海珠区弘扬敢闯敢试、敢为人先的改革精神，主动参与区域合作、国际交往和全球竞争，推动形成全面开放新格局。

对外贸易是海珠区经济的重要组成部分。一直以来，海珠区对外贸易活跃。明清时期，广州的对外贸易已有相当规模。河南地区（即现海珠区）由于水网运输便利，是广州对外贸易的重要基地和口岸。乾隆二十二年（1757年），清朝实行"一口通商"，唯一对外贸易口岸——粤海关，设在黄埔村。新中国成立后至1979年前，进出口业务由市的专业公司统一经营，市辖区没有进出口经营权。党的十一届三中全会后，实行改革开放，权力下放，允许市辖区从事对外经济贸易。海珠区抓住机遇，切实贯彻中央关于改革开放的一系列政策，充分发挥毗邻港澳、华侨众多、与海外市场联系密切的优势，及时调整经济发展思路，积极开展对外贸易。1979—1990年，海珠区出口贸易额达1.4亿美元，平均年递增率为64.61%。会展业的快速发展进一步推动海珠区对外贸易发展。2017年，琶洲地区共举办展会221场，展览面积968.3万平方米，是2015年的1.17倍，10万平方米以上的展会有16场，规模位列全国第一。在会议方面，海珠区圆满完成2017《财富》全球论坛举办任务，国际金融论坛全球年会、中国创新大会、中国风险投资论坛等重大会议在海珠区举办。

（四）在营造共建共治共享社会治理格局上，海珠区坚持以人民为中心的发展思想。加大民生财政投入，让改革发展成果更

多、更公平惠及全体人民。

高效的社会治理体系是保持社会和谐稳定、让人民过上美好生活的前提和保障。海珠区推动社会服务管理持续创新，稳步推进社区网格化服务管理工作，完成区、街两级网格化信息平台建设。探索社区协同共治社会治理新模式，支持平安联谊会、商会等基层社会组织建设。以基层党建引领基层治理，全力做好大塘、康鹭片区整治工作，开展基层治理协同创新示范区建设。打造政务微博微信新媒体平台，完善网络舆情应对引导机制。健全立体化社会治安防控体系，全区刑事、治安类警情持续下降，群众治安满意度持续提高。强化城市安全与应急管理、防灾救灾能力建设，安全生产形势平稳向好。

海珠区以建设教育现代化先进区为契机，推进"学区化+集团化"办学模式，初步建立九个立体学区，覆盖130所学校（园）约13万名学生。扎实推进"1+4"医联体建设，探索建立紧密型医联体和13个专科联盟，构建新型基层医疗卫生服务体系，打造社区卫生15分钟便民服务圈。大力发展养老服务业，区老人公寓建成使用，全面推进社区居家养老服务。

围绕区第十一次党代会确定的建设广州绿心的目标，海珠区争取到国家"只征不转"政策，一次性征地保护万亩果园，解决多年来"保肺"和"保胃"之间的矛盾，建成全市首个国家湿地公园。开展水环境综合整治，石榴岗河等重点河涌水质得到改善。2017年全区建成区绿地面积6425公顷，建成区绿化覆盖率30.06%，人均公园绿地面积18平方米。

二、推动实现"老城市新活力"

2018年，习近平总书记视察广东时，要求广州实现"老城市新活力"，在综合城市功能、城市文化综合实力、现代服务业、现代化国际化营商环境方面出新出彩。

海珠区作为广州的老城区，曾经的老工业区、城乡接合部，城中村、工业厂房等历史低效用地多，成为制约发展的瓶颈。经城市更新部门核查，海珠区"三旧"地块面积约27.63平方公里，约占全区用地面积的1/3。区委、区政府提出，要坚持"破""立"并举，通过"破"把"老城市"的空间腾出来，通过"立"把"新活力"的产业导进来，在"老城市"有规划地导入"新活力"产业，积极推动"老城市新活力"，实现城市"逆生长"，探索了一条城区转型新路径。

推进城市更新改造是一项系统工程。习近平总书记指出，城市规划和建设要高度重视历史文化保护，不急功近利，不大拆大建。要突出地方特色，注重人居环境改善，更多采用微改造这种"绣花"功夫，注重文明传承、文化延续，让城市留下记忆，让人们记住乡愁。为更好地推动城区更新工作，海珠区成立了城市更新改造工作机构，编制了《广州市海珠区"三旧"改造专项规划（2010—2020）》《广州市新中轴南段地区城中村总体改造规划》《广州市琶洲地区城中村总体改造规划》《海珠区"十三五"时期城市更新发展规划》等纲领性文件[①]，并制定了《海珠区村社集体物业升级改造工作方案》《海珠区村社集体物业升级改造工作指引》等文件，稳步推进城市更新改造工作。在工作中，海珠区探索了多种改造模式：对环境"脏乱差"、层次较低或无保留价值的建筑实施成片拆除重建，做到内涵更新、产业升级、层次提升，如琶洲村整体改造、南华西一期危破房改造项目等；对富有历史文化内涵的古村落、旧城区和工业遗产等实

---

① 中共海珠区委党史研究室编：《广州市海珠区改革开放纪实第二辑》，广州出版社2017年，第139页。

施选择性保护开发和抽疏整治，做到三个保留——文化脉络保留、城市（古村）肌理保留、建筑风貌保留，如T.I.T创意园区、黄埔古村保护整治改造和兰蕙园社区微改造项目等。通过改造，城区面貌和居民生活品质得到改善。

"城中村"是现代城市化进程中的产物。随着经济社会的快速发展，城市化进程不断加快，原本处于城市区域边缘的农村地区迅速被新兴的城区所包围，形成数量众多、面积较广、聚居人口较多的"城中村"。城中村往往公共设施配套不足，公共服务缺失，一度成为"脏乱差"的代名词。海珠区推进城中村改造，主要有全面改造和微改造两种模式：

黄埔古村的改造是微改造模式。建于北宋年间的黄埔古村，位于海珠区东部、琶洲岛东南面，是一个独具岭南海洋文化特色的古老村落，具有深厚的历史文化底蕴。村总占地面积约60万平方米，村内建筑基本为低密度的农民自建住宅。共有户籍人口3580人，共1177户。因历史悠久，黄埔古村内道路破损、建筑残旧，居民生活环境"脏、乱、差"，池塘水体污染严重，公共服务设施缺乏，治安环境较复杂，村内交通混乱等问题突出。为切实解决这些问题，同时做好古村内丰富的历史文化古建筑和文物的保护工作，海珠区以"抽疏保旧、完善配套、适度开发、商业运作"的模式，启动了黄埔古村微改造。改造包括市政工程、立面整饰工程、景观绿化工程、古建筑修缮工程和水利河道工程五大部分。对影响黄埔古村交通、消防通道和景观节点的建筑进行抽疏，共征拆房屋88户，面积1.98万平方米；完成2.2万平方米的麻石板道路铺设和修缮；完成3公里长道路的雨污分流、三线下地、市政供水、视频监控系统以及旅游区导视系统建设；加固和整饰房屋外立面300余套，约14万平方米；建设了北帝庙、黄埔公园2处公园，整治建设了7个水体，新建连廊1处以及绿化小景10余处，总改造面积8000多平方米；严格按照原形制、原结构、原材料、原工艺技术的"四原"原则，修缮了胡氏宗祠、左垣家塾等古建筑13栋；复建了黄埔古村南门楼和新建文化展览馆，全面保留黄埔古村古朴的建筑风貌；按照"村港一体"的规划，进行水系连通、堤岸整治、码头、桥梁及水闸泵站等工程建设，恢复古村原有的护城河道约2公里，并引入珠江水，以保证古村整体水系的循环，突出水在古村中的灵气，注重"创造性保护"和"生态恢复"；开发黄埔古村旅游风景区的水景观、水文化、滨水休闲等综合功能，打造精品水上旅游线路。[①]

改造过程中全面保留黄埔古村古朴的建筑风貌，尽力还原其具有明清时期对外贸易港口特征的城市风情。挖掘黄埔古村作为"海上丝绸之路"起点的历史渊源，通过多样性展示方式，展现黄埔古村文化历史发展的脉络，使黄埔古村重焕光彩，实现华丽蜕变。通过改造，村民的生活居住环境得到明显改善，村内文化古迹错落有致，古村集体经济发展能力得到明显提高，实现了保护开发文物、改善居民生活环境、促进村社经济发展的平衡发展，受到社会各界的高度关注，先后获得了"广东省十大最美古村落""广东省宜居环境范例奖""广东名村""珠三角最美旅游乡村"等荣誉称号。

琶洲村改造是全面改造模式，是海珠区第一个城中村全面改造项目。琶洲村地处海珠区琶洲岛中部，西起琶洲塔公园，南至新港东路，北至阅江路，东达新滘东路，常住村民约1300户，总占地面积约为757639平方米，改造项目总规划建筑面积达185万

---

① 中共海珠区委党史研究室编：《广州市海珠区改革开放纪实第二辑》，广州出版社2017年，第141页。

平方米。①在改造过程中，广泛征集村民意见，认真听取城市建设领域专家团队的意见和建议，引入商业运作机制，形成了"政府主导、市场运作、村民自愿、多方共赢"的琶洲改造模式。通过改造，琶洲村从原来握手楼林立、规划混乱、消防道路狭窄的典型城中村，摇身一变成为以特色商业步行街为主轴，连接滨水居住区、村民安置区、SOHO办公区和商业办公休闲区四大块，汇集商贸、休闲于一体的现代滨水商住中心，实现了"一降四升"，即建筑密度下降，绿地率、市政用地、公建配套面积、村集体及村民收入大幅提升。

推动旧厂房的更新改造，是海珠区实现"老城区新活力"的又一个重大突破点。旧厂房产业形态相对滞后，发展压力较大，亟须通过产业结构的优化升级实现转型。随着"退二进三"政策的实施，大批重型工业企业迁出海珠区，海珠区充分利用"退二进三"、城市更新等政策，通过全面改造、微改造、地块收储等形式，把零散分布的旧厂房改造为布局合理、配套完善的现代产业和城市公共服务亮点地区，成为高附加值产业优化升级的重要载体。

近年来，海珠区已实施各类旧厂房改造面积约2.8平方公里，通过改造推动了超过100万平方米的国有企业旧厂房、村社集体旧物业、商务楼宇已经或正在改造成为科技创新园区，打造了T.I.T创意园、唯品同创汇、联合交易园、UP+智谷、太古仓、M+创工场等一批品牌创新园区。其中T.I.T创意园已建成为集服装研发、设计、展示、商贸于一体的时尚创意园区；太古仓已改造为集文化创意、展贸、观光旅游、休闲娱乐等功能于一体的广州

---

① 中共海珠区委党史研究室编：《广州市海珠区改革开放纪实第二辑》，广州出版社2017年，第142页。

"城市客厅"。

推动旧城区的改造是让改革发展成果更多、更公平惠及全体人民。海珠区是典型的老城区，老旧城区主要集中在西北部。以老旧小区微改造为抓手，通过实地勘察、直接访谈、档案查询等多种途径，摸清全区老旧小区的客观状况以及居民群众的改造意愿，组织编制了《海珠区老旧小区微改造实施方案》《海珠区老旧小区改造三年行动计划》等文件，对全区老旧小区微改造工作实行精准施策。在改造过程中，优先解决与群众生活息息相关、密切相连的民生实事，如楼道改造、道路铺设、市政给排水设施接入、排水管网疏通电梯加装等，综合解决老旧楼宇结构、消防等安全隐患，以及小区管网老化、公共出行不便、污水处理能力不足、垃圾分类未完善等民生"老大难"问题。为提高老旧小区微改造效率，建立电梯加装矛盾纠纷化解工作联动协作机制，通过梳理、细化和重组老旧小区微改造业务流程，推行并联办理和容缺受理机制。同时，结合街区历史、城市肌理的多样性，采取"一区一策""规定动作+自选动作"相结合的模式，有效改善老旧小区居住空间环境，补齐配套短板，完善社区功能，推动新发展理念在老旧小区落地生根，开花结果。

随着城市更新改造工作的推进，海珠区平均80年楼龄的建筑数量显著下降，不断腾出空间发展年轻的、朝阳型、创新型的产业，并以此吸引年轻的人口，进而呈现建筑更年轻、人口更年轻、城区更年轻的态势，推动城区"逆生长"，实现"老城市新活力"。

三、打造新时代海珠"名片"

（一）广州塔

广州塔，又名"小蛮腰"，屹立在珠江岸边，与海心沙亚运公园、花城广场和珠江新城CBD隔江相望，建筑总高度600米。广州塔以其独特设计造型，将力量与艺术完美结合，充分展现了广州作为国家重要中心城市的雄心壮志和磅礴风采。

广州塔设计时尚，造型流畅，不仅是广州的新地标，也是世界经典钢结构建筑中最具时代性的标志性建筑。它以混凝土核心筒为轴心，外筒钢结构由上小下大的两个椭圆构成，其圆心相错，逆时针旋转135度，形成塔身中部"纤纤细腰"的形体。外筒钢结构共有24根钢立柱、46道钢圆环。其扭转的椭圆螺旋体形，镂空、开放的结构形式，使塔体更加纤秀、挺拔，也创造出更加丰富、有趣的空间体验和光影效果，其立面千变万化，从任意角度看都不会出现重复的形态。

有媒体这么评价：以披上一身灯彩的广州塔的建成为标志，新广州的城市面貌大势已成，国际化都市气象初现。广州塔已经确定无疑地成为这条新中轴线的核心，让人们在高大的塔影之下，能够自信而充满活力，能够有新的创业的故事、生命诞生的故事、爱的故事，是一根让广州迈入国际性城市的图腾柱。

作为"羊城新八景"之一，广州塔肩负着传承广州2000多年历史文化底蕴、传扬广州国际化大都市发展轨迹的历史使命，成为城市新地标，成为广州最受游客瞩目的旅游景区。

（二）广州人工智能与数字经济试验区琶洲核心片区

广州人工智能与数字经济试验区琶洲核心片区，位于海珠区东北部，是广东省、广州市、海珠区为抢抓粤港澳大湾区建设机遇，深度参与国际科技创新中心建设，打造的一个致力于人工智能与数字经济集聚发展、创新发展、合作发展、融合发展的试点示范平台。其西起广州大道，东至珠江前航道与官洲水道交汇处，北至珠江前航道，南至新滘路——赤沙涌——官洲水道，面积约30平方千米，加上广州大学城小谷围岛（面积约18平方千米），总面积约48平方千米。与广州国际金融城片区（8平方千米）、鱼珠片区（25平方千米）共同构成广州人工智能与数字经济试验区（共81平方千米）。

琶洲是广州中心城区经济发展的"黄金三角"之一，与珠江新城、广州国际金融城隔江相望。自古以来，琶洲就是交通便利、商贸汇聚之地，曾是"海上丝绸之路"的重要发源地，也以黄埔古港"粤海第一关"的美名享誉海内外，是中国对外开放的重要窗口，2017《财富》全球论坛、世界航线发展大会等高端国际性会议先后在琶洲举办。区域内有千年商埠——黄埔古港、有60多年历史的广交会举办场馆——中国进出口商品交易会展馆，临近中山大学南校园、广州大学城等，高端资源和科技创新要素荟萃。随着2008年广交会整体迁入琶洲，这里成为国内商务会展活动高度集中、活跃的区域，是中心城区难得的创业创新热土。

为了更好地推动琶洲的建设发展，海珠区深入贯彻中央、省、市创新驱动发展战略部署，在推进产业建设中不断优化发展规划，在调整发展规划中不断落实产业建设。从提出建设琶洲互联网创新集聚区，到提出打造广州国际科技创新枢纽先行区、国家级"互联网+"创新示范区、全球互联网产业创新创业优选地，从打造中国科技创新、会展产业、国际贸易门户，到建设粤港澳大湾区国际科技创新中心核心平台、人工智能与数字经济集聚发展高地、开放合作先行地、制度创新试验田，琶洲发展规划不断与时俱进。

目前琶洲重点开发的是西区2.1平方千米，中、东区城市设计和控规优化工作已启动。自2015年6月启动开发建设以来，琶洲已引入了腾讯、阿里、唯品会、小米等领域龙头企业建设区域以上总部，计划总投资725亿元。龙头企业集聚产生的辐射带动效应加速显现，以新一代信息技术、人工智能、工业互联网等数字经济为主导的创新产业集群正在加快形成，未来琶洲的发展前景广阔。

（三）广交会

广交会，即中国进出口商品交易会，创办于1957年春季，是中国目前历史最长、规模最大、商品种类最全、到会采购商最多且分布国别地区最广、成交效果最好、信誉最佳的综合性国际贸易盛会，被誉为"中国第一展"。2008年，广交会整体搬迁至琶洲。广交会展馆占地面积82万平方米，建筑面积108.6万平方米，分A、B、C三区，设有展厅33个，展厅面积33.8万平方米，室外展场面积4.36万平方米。加上中洲中心、保利世贸博览馆、南丰国际会展中心等专业展馆，琶洲地区展馆展览面积达53.9万平方米，居世界前列。广交会展馆每年承办大小展会近100场。2018年，琶洲地区共举办展会225场，其中在广交会展馆举办的展会104场，展览面积740.46万平方米，超过琶洲总办展面积的七成。

截至第124届，广交会累计出口成交约13536亿美元，累计到会境外采购商约861万人。目前，每届广交会展览规模达118.5万平方米，境内外参展企业近2.5万家，210多个国家和地区的约20万名境外采购商与会。

2016年10月第120届广交会开幕之际，习近平总书记向广交会发来贺信，在充分肯定广交会在中国改革开放和经济社会发展中的重要地位和积极贡献的同时，强调要更好发挥广交会全方位对外开放平台作用，在更高层次上运用两个市场、两种资源，为推动中国开放型经济发展、促进开放型世界经济发展作出新的更大的贡献。

近年来，广交会积极创新体制机制和商务模式，持续提升国际化、专业化、市场化、信息化水平，建设"智慧广交会"和"绿色广交会"，积极推进从出口贸易单一功能平台向综合功能平台转变，打造国际一流的"卖全球买全球"全方位对外开放平台，致力推动经贸强国建设和开放型经济发展。

（四）海珠湿地

海珠湿地位于海珠区东南部，占地16500亩，被誉为广州"南肺"、城市"绿心"，与"北肺"白云山遥相呼应，是广州第一个国家级湿地公园，与西溪湿地、邛海湿地、富锦湿地并称为中国湿地"四颗明珠"。

海珠湿地历史上又称万亩果园，其所在区域是由珠江冲积而成的岛屿，经过数百年围江造田，筑堤种果，形成的一个河涌交错、绿树婆娑、百果飘香的水果种植基地。这里一年四季盛产各种热带、亚热带水果，有500多个品种，主要有龙眼、杨桃、黄皮、木瓜、番石榴等岭南佳果，被称为"万亩果园"。长期以来，万亩果园不仅是数万果农赖以生存的根本，它还作为广州市城市中心组团的重要绿化隔离带和湿地，担负着调解城市气候、净化城区空气、改善生态环境的重任。

随着城市的发展，在万亩果园保护上，政府"保肺"与村民"保胃"的矛盾逐渐凸显。万亩果园处于广州市中心城区，土地价值的显化与社员从果树上得到的有限收益形成鲜明对比，社员生产积极性大大降低。万亩果园用地受到严格控制，只能种果树，不能"种"房子，成为严重制约村社经济发展和社员收入提高的"紧箍咒"。随着万亩果园范围内村社与周边地区的经济发展水平差距越拉越大，村民和各方对果园进行经营开发的冲动日益强烈。

为破解万亩果园保护这一难题，广州市、海珠区曾作多次努力与尝试。1991年4月19日，广州市政府批准《广州市海珠区分区规划（1990—2010）》。该规划强调，"海珠区是重要的水果和蔬菜生产基地、是广州的'南肺'"，"要严格控制保护区用地，不得随意侵占或作他用"；1998年，海珠区探索通过"租土地建果树公园"的模式进行保护；2000年，积极推动广州市制定《广州万亩果林保护区规划》，海珠区对万亩果园进行保护性综合开发；2007年，海珠区通过租地补贴果农，但因无法从根本上保障社员收入导致效果有限。

近年来，为切实解决城市"保肺"与村民"保胃"的矛盾，在省、市的大力支持下，海珠区争取到国家"只征不转"政策，即政府将万亩果园集体土地征收为国有，但不转变农用地性质，作为永久生态用地予以保护。由政府统一保护、统一管理果园，让村社和村民安心在留用地上发展集体经济。这一创举，既可永久保护万亩果园，又为促进经济发展、提升城市品质提供了有力保障，积极探索一条生态文明建设的新路子。"海珠湿地保护建设"入选"中国改革开放40年地方改革创新40案例"。

在保护建设中，海珠区坚持原生态、微改造、少干预的原则，开展水网连通、水系清淤、管网截污、"食藻虫"水生态修复等工程，在湿地水域恢复了珠江自然潮汐动力，湿地蓄水能力约200万立方米，起到了"海绵城市"的功能作用，令辖区东南部内涝现象大大缓解。借助自然潮汐，2天可自然置换水体一次，湿地内水质基本达到IV类甚至III类。对原有退化、受污染的果林进行清淤整改，启动建设果基农业示范基地，用专业、科学的管养，让百年老树重新挂果。生物多样性大大增加：树种从原来10余种果树增加到200多个品种；鸟类从初期72种增加到177种，增长了1.5倍；维管束植物从379种增加到630种，增长66%；昆虫种类从66种提升至285种；鱼类从46种增加到58种。

　　坚持共建共享，按征地面积10%落实了1100多亩的经济发展留用地，规划发展高端产业，湿地周边打造了广州创投小镇、唯品同创汇、岭南创意园等园区，物业租金显著提升。同时，优先聘请村民在湿地从事果树保育、维护管理等工作，增加集体和村民的收入。每年1000万市民游客到此享受优美生态环境，进行康体休闲活动。湿地的良好生态提升了对高端企业、人才的吸引力，与湿地相邻的广州人工智能与数字经济试验区琶洲核心区吸引了腾讯、阿里巴巴、小米等互联网领军企业项目落户，计划总投资达725亿元。

　　海珠湿地从饱受侵蚀、濒临"消失"的万亩果园到建成"具有全国引领示范意义"的国家湿地公园，再到打造"全国最好、全球标杆性城央湿地"，呈现出一幅湿地与城市和谐共生的美丽图景，取得了良好的社会效益、经济效益、生态效益。

第四节 沥滘革命老区村的建设发展

沥滘村是海珠区唯一的革命老区村。中华人民共和国成立后特别是改革开放以来，沥滘人民在党的带领下，一方面积极变革生产关系，凝心聚力开展农业生产，成为种养蔬菜、水果、禽畜和水产等四大农副产品重要基地；另一方面发挥地理位置优势和水陆交通便利优势，大力发展乡镇企业，经济发展走上了快车道，沥滘村所在的新滘镇被国务院评为"全国百强镇"之一。迈入21世纪，在海珠区委、区政府的领导下，沥滘村紧抓广州市"三旧"改造和海珠创新湾发展机遇，扎实推进城中村改造工作，推动经济发展和城乡面貌双提升，未来的沥滘将更加美好。

一、农业基础巩固发展

（一）农村生产关系与经济体制变革

1. 土地改革

从晚清到民国时期，沥滘人民一直饱受压迫与剥削。中华人民共和国成立前，沥滘村75%以上的耕地集中在只占人口约16%的地主、富农、工商业资本家、小土地出租者和公堂手中，占人口84%的广大贫下中农、中农、雇农等只有不到25%的耕地。不仅如此，统治阶级还常常以各种方式兼并侵占土地。土地，这一劳动人民赖以生存的最基本生产资料，长期被剥削阶级所把持，广大劳动人民缺乏必要的生产资料，不仅生活上穷困潦倒，还严重阻碍了生产力的发展。

为彻底推翻压在身上的大山，变革生产关系，解放生产力，中华人民共和国成立后，沥滘在党的带领下，坚决贯彻中共中央关于依靠贫农、团结中农，有步骤地、有分别地消灭封建剥削制度，发展农业生产的方针政策，轰轰烈烈地开启了土地改革运动。土地改革工作队首先深入访贫问苦，进行减租减息、退租退押，开展斗争；继而划分阶级，没收地主和富农的土地、房屋和财产，分配土地和胜利的果实；最后是复查补课，发土地证，解决遗留问题，开展生产运动。沥滘地区土地改革于1951年4月胜利完成，土地复查于1953年完成，激发了广大农民的积极性，促进了农业生产发展。

2. 农业合作化和人民公社化

沥滘村农业集体化经历了由互助组到初级农业生产合作化、高级农业生产合作化、人民公社化的过程。初级农业生产合作社实行土地入股，统一经营，收益按土地股份和劳动工时分配；高级农业生产合作社实行生产资料全部归集体所有，取消土地分红，全部按劳动工时分配。

沥滘土地改革完成后，最早诞生的互助组是大沙村的陈柏有互助组，至1954年发展到几十个常年互助组和临时互助组，入组农户有几百户。互助组起到了组织作用，进行多种经营，节省了劳动力，发展了生产。

沥滘通过普遍建立互助组，为进一步实行农业合作化打下了基础。互助组成员在互助经营劳动中逐步养成了集体劳动的习惯，取得了集体生产的经验，并从中涌现出一批农业集体化的领导骨干，为过渡到农业合作社作了准备。1954年，沥滘建立了初级农业生产合作社。

1955年7月，从中央到地方批判农业合作化运动，所谓"小脚女人走路""右倾保守思想"。同年9月，沥滘地区开展了空前大规模的农业合作化宣传运动，沥滘人民大办农业合作社，纷纷入社，有的全村集体入社。至1958年8月，实现人民公社化，人民公社实现"政社合一"，全社统一核算。1961年实行公社、大队、生产队三级所有，以生产队为基本核算单位。在生产队实行包工、包产、包成本、超产奖励，劳动、土地、耕地、农具固定由生产队使用并对社员恢复自留地。实行定出勤、定工分、定交家庭肥料，并允许社员发展家庭副业。

3. 农业生产责任制

沥滘1961年实行生产队核算后，逐步建立了多种类型的生产责任制。

田间管理责任制。种下农作物后，把田间管理包给个人或农户，至农产品收成。这种生产责任制，社员自主安排生产作业时间，生产队定期检查，按实际管理情况记工分。也有一些生产队的生产责任制与产量挂钩，实行定劳力、定地段、定产量、定工分、按产奖励。但这种办法一般只包到作业组。"文化大革命"期间，开展"农业学大寨"运动，曾推行大寨的"政治评分法"，取消定额管理和责任制。

定额记分制。每天由生产队长给社员排工，生产队长按各项农活劳动强度大小、劳动条件和技术要求高低，定出一般劳动力一天能完成农活的数量、质量下应得工分，晚上按社员当天完成定额情况记工分。

小段包工。定出完成一项农活的定额，包给个人或农户，完成这项农活后，经检查验收记工分。

土地承包责任制。在坚持土地集体所有制的前提下，从1982年起，沥滘开始实行土地承包责任制，沥滘人民掌握了生产自主权，进一步解放了农村生产力，促进了农业生产的发展。但同时也存在一些问题：首先是土地承包过于分散，承包土地多的有十几处；其次是种植品种布局不合理，严重制约农业生产向规模经营发展。1990年9月，新滘镇向各村发出《关于完善土地承包责任制，适当调整责任田，实行按品种连片种植的通知》。接着召开镇三级干部大会进行动员，派出干部下村协助宣传发动。由村统筹，以生产队为单位，统一规划（面积在25亩以上），适当调整责任田，统一安排种植布局，实行按品种连片种植，收到良好效果，促进了农业生产的发展。

随着改革开放深入，农业指令性任务逐步取消，沥滘人民对土地承包方式进行了调整，在原来的单一承包制基础上又增设了土地投包制，使土地承包相对集中，发掘土地潜力，出现了一批种养能手。

（二）农田水利建设

1. 农田整治

沥滘村农田为珠江三角洲沉积土，开发时间早，经多年人工耕作，土壤已高度熟化。新中国成立前，沥滘地区河涌迂回曲折，土地利用率低。新中国成立后，经过几次大力平整土地和河涌改造，村内地势趋于平坦，耕地面积有所增加。

沥滘村的耕地因受众多河涌分隔，农民下田劳动十分不便，靠近江河边的耕地受潮汐的影响不能使用，大量丢荒。新中国成立后，沥滘人民充分发挥集中力量办大事的体制性优势，整合全村力量对河涌进行治理，填平挖直河涌共15.2千米，将部分土地改造成水生农作物耕地，将沥滘村建设成为新滘镇水生农作物基地。为了把被河网分隔的耕地连接起来，沥滘村共修筑大小桥梁26座，总长3001米。

沥滘村东面靠近珠江后航道的部分土地，因受潮汐影响，农作物产量很不稳定。当潮汐上涨时，大片土地受淹，潮水退却后，裸露淤泥滩地。地势较高的泥滩地，农民曾利用它播插单造水稻，但产量很低，遇台风洪水袭击，则歉收或失收。农业合作社和人民公社期间，农民在紧靠江河的大片淤泥地上，修筑堤坝，围垦造田，效果十分显著，将大量淤泥沼泽地围垦成双造丰收田，扩大了耕地面积，沥滘村通过围垦，共新增383亩耕地。

2．水利

沥滘村由于地处河网交织地带，水量充沛，对发展农业十分有利。中华人民共和国成立前，沥滘地区的堤围水坝由村自建，堤围用泥土垒成，简陋底薄，农民形容"堤围薄过刀"。每逢洪潮到来，农民敲锣召集护堤，堤围经常被洪水冲决，淹没农田和房屋。农业蓄水灌溉，主要靠木制的水车和"水窦"调节。

中华人民共和国成立后，党和政府重视兴修水利。50年代初期，主要是在原堤围垒土和加厚，植上草皮树木。1956年农村实行农业合作后，开始大规模兴修水利。1963年开始在堤围容易出现崩决险情地段垒石砌堤。1975年，再次掀起群众性修水利高潮，将堤围用水泥沙石全面修筑加固。

沥滘辖区的堤围属新滘堤围（又称新滘大围），1957年修筑，1960年5月竣工，长17千米，受保护的有石溪、五凤、瑞宝、凤和、三滘、沥滘、东风、龙潭、土华、小洲、红卫、桂田等12个村，保护农田2.5万多亩。

中华人民共和国成立之初，开始在沥滘涌湾建水闸，有利农业灌溉和水路运输。较早修建的水闸用坚固厚实的木材作为闸门。70年代后，逐渐更新水闸，用水泥钢筋或全钢板闸门代替木料闸门，用电动升降开关代替人力开关，加强了防洪排涝和蓄水灌溉，促进农业生产和水上运输的发展。沥滘共有水闸3个。

（三）农业生产

沥滘村土地肥沃，自然条件优越，对发展农业生产有利。

70年代以前，农业生产和全国各地一样"以粮为纲"，主要是种水稻。改革开放后，沥滘人民积极进取，发展多种经营，大力发展蔬菜水果生产，成为种养蔬菜、水果、禽畜和水产等四大农副产品基地之一。1999年生产蔬菜123吨，生猪出栏量521头，产鲜奶8吨，饲养"三鸟"6100只，出栏4500只，水产品养殖面积360亩，产量30吨。

1.蔬菜

中华人民共和国成立前，沥滘村菜田多为小片零散的菜园，菜农自种自销，供应广州城内居民。新中国成立后，农民平整土地，改良土壤，改进排水灌溉系统，蔬菜种植面积不断扩大，菜田连成一片，成为有一定规模的蔬菜生产基地。

沥滘村实行"科技兴农"，对菜农进行早春瓜豆类病虫害防治、早春蕹菜（又叫通心菜或空心菜）防寒栽培生产技术、早花菜栽培技术、蔬菜无公害实施技术等培训，推广早春蔬菜薄膜覆盖栽培、夏秋季凉爽纱覆盖栽培、蔬菜反季节上市等新技术，引进新农药、新肥料，使蔬菜产量和质量不断提高。

从70年代开始，除农民自留地和小面积的菜田仍采用人工浇灌方式外，较大面积菜田的灌溉已使用喷灌方式，由高压水泵抽水，通过喷头雾化降下地面浇灌农作物，能大量节省劳力和节约用水。初期以移动式人工降雨机为主，每机每小时喷水量约20立方米，可灌农田面积20—40亩。1976年，在联星村建固定式喷灌站。这种喷灌方式由功率较大的固定高压泵站输水，通过高压水管送至灌区，再用小水管组成灌溉网络。

蔬菜品种随着生产水平的提高逐年增加，菜心、萝卜、葱、大蒜、豆角、冬瓜、西瓜、黄瓜、丝瓜、韭菜、韭王、茄子等超过100个品种。这些优质蔬菜除供应广州市外，还大量出口港澳地区。

沥滘一年四季均可种植各类蔬菜品种，且播种面积和复种次数较多，有些品种如菜心、白菜、韭菜等常年皆可种植。一般春种和夏种主要是叶菜类、瓜类、豆类、茄果类，如菜心、白菜、蔬菜、茄子、番茄、冬瓜、黄瓜、节瓜等；秋种和冬种主要是根茎类、葱蒜类、叶菜类等，如芥菜、芹菜、生菜、菠菜、西洋菜、椰菜、萝卜等。

2. 水果

沥滘村种植水果历史悠久，明末清初，沥滘农民已懂得筑建堤岸果基，以保持水土肥性增加果树产量。栽培的果树主要有柑橘、橙、香蕉、大蕉、荔枝、木瓜、龙眼等，传统的优质水果品种有沥滘红嘴鸡心黄皮。

五六十年代，沥滘大量种植甘蔗，亩产有2000多千克，许多生产队建了小型糖厂，制糖业成为当时农村集体经济收入的一项重要来源。进入70年代后，因大量发展蔬菜、水果生产，加上城市建设和发展工业生产用地，甘蔗种植面积大幅度减少。

3. 花卉

沥滘村有少量花农从事花卉生产，种类繁多，栽培方法各异，主要是利用闲置的宅基地经营花圃。按用途可分为三类：药用花有素馨花、鸡蛋花等。观赏花有盆花、盆橘、桃花等。工业用花有茉莉、白兰、玫瑰、月季等。

4. 养殖业

沥滘村民养殖的主要有猪、牛、家禽、水产等。生猪饲养历来受政策、粮食和疫病的影响和制约。沥滘人民在农业合作化时，实行"私养公助"的政策，对养猪实行补贴，猪数量持续增长。人民公社化后，公社实行派购任务到队，把任务指标分配到各大队，由各大队分配到各生产队，再由生产队按人口、粮食、自留地面积分派任务到各农户。每户饲养1～3头不等。完成派购任务的生产队，集体养猪可自行处理。社员向国家交售生猪，可获得一定数量的肉票、粮食和化肥奖励。80年代开始，随着农村经济体制的改革和国家对生猪饲养、收购政策的放宽，生猪饲养逐步由家庭向专业化过渡，开始出现一些养猪专业户。

水牛，主要作耕牛役用，成牛体重250～300千克。农业合作化和人民公社期间，耕牛入社集中喂养，成为生产队的固定财产。70年代后，由于水稻种植面积大幅度减少，加上各种农业机械进入农村，水牛数量逐步减少。受珠江三角洲农村影响，也有将水牛作奶牛饲养的，称水奶牛，但产量低且不稳定。

中华人民共和国成立之初，部分农民自养了一些奶牛。1958年人民公社化时，将农民的奶牛全部作价入社，办起了一批集体奶牛场。1964年，一些生产队分别到北京、南京、山西、黑龙江等地购买中国黑白花奶牛饲养。实行家庭联产承包责任制后，生产队的奶牛作价归户。

沥滘农民饲养的禽畜主要有鸡、鸭、鹅（"三鸟"）和鸽。新中国成立后，"三鸟"实行"私养公助"政策，规定农户每年应上缴一定数量，按牌价出售给国家，国家按质量、品种奖给化肥等。50年代后，沥滘农村出现一批饲养专业户。

中华人民共和国成立前，沥滘农民利用河涌旁的水坑或村边的水塘养鱼，由村里指定人员管理或各家各户轮流看管。遇喜庆节日捕捞，按各户人头分鱼，到年底干塘抓鱼，挖取塘泥作肥料，放养量不稳定，产量较低。农业合作化后，养鱼业由社队集体统一经营管理。1980年实行家庭联产承包制以后，鱼塘由农户投标承包经营，还有一些农民利用水田挖鱼塘，出现不少养鱼专业户。除养殖"四大家鱼"外，还引进加州鲈鱼、埃及塘鲺、罗非鱼等品种进行网箱繁养。

（四）农民生活

中华人民共和国成立前，沥滘村民外出或运物，多以小艇作运输工具，交通落后，农村经济不发达，加上地主恶霸和土匪的盘剥，农民生活贫困。佃农租种地主和公堂的土地，所生产的农产品往往被低价收购，由地主运往省城销售获利。

抗日战争时期，沥滘农民由于受到日伪军、土匪、地主恶霸的多重压榨，加上自然灾害，生活尤为艰苦。据统计，1938—1945年，沥滘村属下大沙自然村就饿死100多人。部分农民外出逃荒流浪，大沙村就有12户农民外出流浪。土匪横行乡里，敲诈勒索，无恶不作。农民所居住的大都是烂艇、草房和木棚，如大沙村是贫雇农的聚居点，这里的农民世代自搭茅寮（草房）居住。

中华人民共和国成立后，经过三年国民经济的恢复和完成土地改革运动，农业取得丰收，农民生活开始改善。实行农业合作化后，按社员每天劳动的质量分级记工分。为了解决农民日常生活开支问题，采取每季或半年预支部分款项的办法，到年底统计工分时扣除并进行年终分配。1958年"大跃进"期间，组织社员大炼钢，造成非农业劳动生产工分比例过大，劳动日值偏低，每个劳动力日收入在1元以下，农民超支户增多，造成生活困难。1961年纠正"一平二调"刮"共产风"的错误，以生产队为基本核算单位，社员恢复自留地生产，开展家庭副业，农民收入回升。

中共十一届三中全会后，随着农村经济体制改革的深化，沥滘农村1982年开始实行包干到户，推行家庭联产承包责任制，农民有了生产自主权，调动了生产积极性。农民以联户、个体等形式组织各类生产活动，农副产品可以在市场流通，大批农民成为乡镇企业工人，农民收入迅速提高。1981年农村人均收入448

元，平均每个劳动力收入845元，1990年人均收入3588元，平均每个劳动力收入6490元，对比分别增长7倍和6.68倍。

中华人民共和国成立前，沥滘农村住宅除部分房屋外，也有不少古老青砖大屋，有大量的花岗岩石砌成的青砖住宅。一般房屋结构进门后为天井，再入是厅，两旁是房。土地改革后，沥滘农民逐年新建和改造了大批房屋。1978年后，随着农民生活水平的提高，开始大量兴建红砖瓦房和钢筋水泥混合结构的住房。房屋内一般设有客厅、饭厅、厨厕、阳台、寝室等，一些别墅式住宅还设有花园、走廊、凉亭等。

20世纪50—60年代，农民家庭中的家具一般有方桌、圆台、木凳、木箱、木橱、木桶等竹木制品，衣服一般用粗布制成，燃料主要是木柴和稻草。70年代普及自行车、缝纫机、手表，叫"三大件"，燃料以煤为主。80年代各种新式家具和家用电器开始进入农家；至90年代，农村许多家庭已购置了红木家具或真皮沙发，用上了煤气，普及了彩色电视机、洗衣机、电冰箱，并开始购置金银首饰和摩托车，个别农民甚至购置了小汽车。

二、工业经济快速发展

（一）乡镇企业发展概况

明清年间，随着农产品的开发，加上水路交通便利、紧靠广州城区的优势，沥滘人民利用区内河涌中丰富的蚬壳资源，烧制石灰和砖瓦供应省城。

民国时期，沥滘出现碾米业，村内有怡和号和另外两家粮食加工厂，规模较大。制糖作坊也普遍开办，主要以小型机器榨糖厂为主，此外还有专门的酿酒作坊（厂）。

中华人民共和国成立前，沥滘地区的乡村已有一些小型企业，大多数以手工作坊为主，主要有陶瓷、建筑材料、茶叶加工、碾米、酿酒、制糖等行业。

中华人民共和国成立后，随着人民公社化进程，沥滘人民开始兴办糖厂、酒厂、农机厂、砖厂、建筑队等一批企业。1959年，由公社统一核算改为以大队为基本核算单位后，大队又办起一批厂、场，统称为社队企业。1961年清理"共产风"，关停了大部分企业。1962年9月，中共八届十中全会通过了《农村人民公社工作条例（修正草案）》，确定了人民公社"三级所有，队（生产队）为基础"的体制，社队企业才得以继续存在，但由于长期受"左"的思想影响，发展较为缓慢。

1971年国务院为落实北方地区农业会议精神，专门召开农业机械化会议，要求各地发展以钢铁等原材料为主的地方"五小"工业，社队企业可以通过其他途径，购买计划外的车床设备和工业生产资料以发展农业机械化。沥滘大队以沥滘农机站为基础，在简陋的房屋、祠堂办起了米机（碾米）厂、红砖厂、加工藤厂、小刀磨光厂、外工拷锈队等手工队伍。

党的十一届三中全会制定的"以经济建设为中心，把国民经济搞上去"的方针和"对外开放，对内搞活"的政策，给乡镇企业发展带来了无限生机。1979年，国务院发出《关于发展社队企业若干问题的规定（试行草案）》，对过去发展社队企业的经验教训进行了深刻反思，制定了适合乡镇企业发展的路子。自此，沥滘社队企业又开始了新的发展，开办了沥滘电镀厂及吸引外商来料加工的首饰厂。这些社队企业属集体所有制，自己解决原料、燃料，所得利润除按规定上交外，余下的留在企业，每年的收入比农业生产的收入还高。公社和大队用办企业所得的利润增加对农业的投入，以工业补农业，以工业促副业，在农田基本建设、大型水利设施的修建中发挥了积极的作用。

1983年后，随着农村经济体制改革的深化，沥滘与其他有名的乡镇一样，乡镇企业迅猛发展，与城市工业横向联营的企业和为城市工业配套的加工企业不断增加，利用外资兴办的合作企业和"三来一补"企业发展迅速，农民联户、个体企业和挂靠企业大量涌现。沥滘乡镇企业的内部管理和产品质量不断提高，企业向高科技项目和依靠技术进步方面发展，先后建成沥滘拉丝厂、广沥自行车零件厂、珠江摩托车配件厂、岭南摩托车配件厂、珠江镀锌钢管厂、沥滘手板厂、新潮五金厂等企业。企业的经营从加工作坊式转向了规模生产，从半机械化转到自动化生产，从加工产品到市场经营产品，乡镇企业成为沥滘村重要的经济支柱。

（二）工业加工区

沥滘村是典型的南国水乡集镇，又是水乡重镇。1951年首创供销社，1975年成立沥滘村农机站，1984年成立沥滘农工商公司，1990年8月30日成立沥滘经济发展公司，占地面积达4万多平方米，产值接近2亿元。沥滘村辖区内共有九大工业区：位于振兴大街的有宏伟工业区、振兴工业区、鸿图工业区、大鸿工业区、鸿伟工业区、鸿昌工业区；位于南洲路的有新渔工业区、晓港工业区、永新工业区。

（三）企业选介

沥滘村辖区有国营、集体、合资、个体企业50多家。由于濒临珠江，交通方便，所以国营企业主要集中在航运业和造（修）船业。国营企业有海运局城安围船厂、航道局船海修造厂、四航局宏华造船厂、四航局船舶修造厂、四航局预制厂、港务局河南作业区沥滘海心沙码头、客轮公司船修厂、广州市珠江船舶修造厂、四航局津港公司、南区供电局、南洲水厂、海鸥蓄电池厂、搅拌站（两间）。中外合资企业有新福利汽车修理厂、威华自行车有限公司；台资企业有科利尔饰物有限公司。集体企业主要有珠江镀锌钢管厂、珠江摩托车配件厂、沥滘电镀厂、岭南摩托车配件厂、新潮五金厂等骨干企业。

珠江镀锌钢管厂于1993年建厂，主要生产焊管、镀锌管、不锈钢复合钢管，年收入1亿元人民币左右。镀锌管被评为"省优产品"和"广州市名牌产品"，香港政府标准及检定中心检定优良产品、工程建设推荐新科技产品，领取了国家颁发的质量合格证书、省生产许可证。珠江镀锌钢管厂被评为海珠区重点企业。在国内首创研制的不锈钢复合钢管，既保持了镀锌钢管高强度耐压、防腐、外表美观的特点，又具备了不锈钢不产生二次污染的性能，该产品参加"2000年法国杜塞尔多夫国际钢管展览会"被评为优质产品，出口到中国香港以及美国、新加坡、英国、欧共体等国家和地区和部分非洲国家。

珠江摩托车配件厂前身为1988年4月投产的广沥自行车零件厂，主要设备有各类金属加工机床200多台，产品有摩托车配件和高档不锈钢五金产品，获得行业颁发的优质产品证书，被评为海珠区重点企业，年收入2000多万元人民币，其产品出口欧美一些国家。

沥滘电镀厂、岭南摩托车配件厂主要生产摩托车消音器，拥有较大规模的电镀生产线，领取了省计量局颁发的合格证书，被评为海珠区重点企业称号，年收入4000多万元人民币。

新潮五金厂主要生产铝箔食品保障容器产品系列，年收入200多万元人民币，其产品出口马来西亚和以色列等一些国家。

三、商业经济蓬勃发展

（一）商业发展概况

沥滘由于濒临珠江，在清代，随着外来资金的流入和本地区水果、蔬菜等农业发展，有不少外地人、在粤经商的富户，在沥滘建宅居住，或到此充分利用便利交通和廉价劳动力，创办洋庄和加工场。至道光年间，沥滘已成为珠江流域土特产集散的重要基地。

民国时期，沥滘的商业形成了以农村商业网点为主的商业服务网络，据税务部门在1946年调查各乡税捐情况中的记载，沥滘乡有商铺几十家。

中华人民共和国成立之初，区人民政府根据"公私兼顾、劳资两利、城乡互助、物资交流"方针，建立了农村供销合作社，在主要消费品方面起控制市场物价的作用。这期间，部分商人对人民政府的工商政策有所疑惧，因而消极观望，停歇业者多。对此，政府及时调整工商业与公私关系，取消或放宽对私商的限制，实施内地贸易自由政策，私商经营积极性提高，商业得到一定发展。朝鲜战争爆发，美国对中国实行经济封锁，物资紧缺，物价波动，一些私商乘机违法经营，牟取非法利润。于是在私营工商业界开展"五反"运动。"五反"后，私商对政策产生怀疑，消极经营，人民政府召开商业代表会议明确交代政策，提高私商经营信心，解决资金、税收、劳资等问题，私营商业迅速得到发展。

1953年在社会主义过渡时期中，国家采取各种措施，发展城乡物资交流，合理分配工农业产品，稳定市场大局，加强国营商业和供销社在市场的领导作用，对私营工商业实行"利用、限制、改造"政策。1954年，市区成立"相应机构"，负责对私改造工作。首先由国营公司取代私营批发商，以调节私商的"肥瘦"，国营商业和供销社商业牢牢掌握货源，领导市场，稳定市场，并通过批购、经销、代销等形式，对私营零售商进行改造。1956年初，各行业商人纷纷向政府申请全行业公私合营，并得到批准。沥滘地区的私营商业则改造成为供销社的合营合作商业，私营商业全部纳入社会主义经济体系。

三大改造基本完成后，工农业生产迅速发展，商品丰富，国营商业呈上升趋势，私营商业下降，统一的社会主义市场基本形成。但由于对私营商业的社会主义改造工作一哄而起，急于求成，合营面过宽，商店撤并过多，也造成了商业网点不足，影响市场供应。

1958年开始的"大跃进"，脱离实际，急于求成，刮起了浮夸风和瞎指挥，导致国民经济严重失调。在大炼钢铁、全民办工业的口号下，压缩了大批商业网点，抽调了大批商业职工支援工业生产。小商贩"一步登天"转入国营和供销社商业，小商贩数量下降了96.8%。由于商业网点的大量减少和从业人员不足，农副产品和日用工业品上市量锐减，排队候购现象出现，凭票证定量供应商品增加，服务质量下降，经营特色消失，群众购买不便。

从1961年开始的三年经济调整时期，沥滘村认真调整商业体制，从工厂调回原商业职工，从国营商业中退回小商贩，恢复合作店组，恢复农副产品供应，恢复穿街过巷担货郎，开设蔬菜、水果、"三鸟"、蛋品、水产、山货贸易等6个行栈，以促进农副产品的购销，百货行业增设修补改服务，饮食行业增加大众化食品，恢复经济饭店。由于工农业生产的调整，农副产品和轻工业产品产量增加，商品供应形势好转，群众购买方便，人民生活改善。

"文化大革命"期间，有部分商店迁往沥滘，商店招牌被改名，茶楼取消茶市，风味特色消失，凭票证供应的商品有65种，在取缔"封、资、修"名义下，香水、烟斗、金鱼缸、巴黎童帽等156种商品被取缔，一些服务项目被取消，商业网点大为减少，市场上吃、穿、用、烧等商品供应全面紧张，出现吃饭难、买东西难、做衣服难、理发难等状况，服务质量下降，供应秩序混乱，购买商品要走后门。

改革开放后，商品货源充裕，人民生活日益提高，中央给予广东改革开放先行一步的一系列政策，促进了广州市场的迅速好转。同时，改变了长期实行的单一公有制，逐步形成了以公有制为主体、多种经济成分并存的多元化商业结构。商业经济成分的多元化，直接为市场服务的商业服务网点的大量增加，活跃了市场，促进了市场的持续兴旺繁荣，群众称便。

（二）私营个体商业与集市贸易

1. 私营个体商业的发展

中华人民共和国成立之初，人民政府没收官僚资本主义企业归国家所有，成为国营企业，关系国计民生的国营商业开始创办，但沥滘乃至整个广州市场仍以私营商业为主。在人民政府取缔金融投机和限制中间性商业买卖之后，扭转了10多年来受战争摧残导致的通货膨胀、物价飞涨的动荡局面，市场虚假购买力急剧消失，而一部分商人怀疑政府不允许私商存在，私营商业曾一度萎缩。经过政府宣传政策，调整公私关系，扶助商贩积极经商，商业有了发展。1952年的私营商业比新中国成立初期增长51.6%，私营商业也有所发展。因部分私商投机倒把，引贿腐蚀，偷税漏税，偷工减料，盗窃国家财产，牟取非法暴利，导致"三反""五反"运动的开展。运动后，私商又徘徊观望，消极经营，人民政府采取一系列鼓励和促进私商发展经营的措施，调整了国营商业的经营范围及批发起点，扩大批零差价，合作社停止对非社员交易。公私关系调整后，私营商业发展迅速。

1953年开始，在过渡时期总路线的指引下，国家根据和平改造资本主义工商业的方针，对私营商业实行"利用、限制、改造"政策。1953年冬到1954年，国家对粮、棉布、纱、油先后实行统购统销。1954年，加强对私改造工作，首先改造私商批发商。国家运用行政手段，对私营零售商的改造，采取"统筹兼顾、全面安排"的原则，国营专业公司运用货源供应手段，调控私营零售商的"肥瘦"，"既给饭吃，又不让吃得过饱"，并通过批购、经销、代销，把零售商逐步纳入社会主义轨道。1956年初，各行业商人纷纷向人民政府申请全行业公私合营，并得到批准。各商店按行业归口专业公司进行合营后，原私营企业的资本家、从业人员、店员工人，全部留下来继续任职，并根据"量才使用，适当照顾"的原则，安排一部分资本家和提拔一部分工人任部门和商店的领导职务。

对大量的小商小贩的改造工作，是在企业摊贩改造办公室领导下进行的。小商贩户数多，人数少，资金少，在改造过程中，引导他们走合作化道路，在自愿互利原则下，按行业组成合作店和合作组，采取合作店组、动员回乡、劝导转业、停业、吊销牌照等方式进行改造。至1956年，全村私营商业已转变为合营经济和集体经济，纳入社会主义经济体系。

私营商业社会主义改造后，由于商业服务网点撤并过多，造成网点不足，分布不合理，出现吃早点难、理发难、买东西难的情况，供应秩序混乱，群众生活极感不便。为了搞活流通，方便群众生活，政府决定恢复和发展私营经济，并给予优惠政策积极支持和扶植。1975年开始发展修补改服务网点和代销点。党的十一届三中全会后，实行多种经济成分的流通体制，个体商业迅速发展。

私营企业和个体经济的发展，特别是遍布大街小巷的个体商业饮食服务点档是国营商业的重要补充，它有利于发展生产、活跃市场、方便群众生活，解决劳动就业，增加财政收入。

至2000年底，沥滘共有个体户1495间，其中摩托车修理23

间，摄影9间，饮食270间，通讯16间，理发107间，游戏机室7间，投影1间，废品收购14间，超市5间，汽车修理3间。

2. 集市贸易的发展

中华人民共和国成立之初，沥滘原有圩市，是农村集市贸易的活动场所。1957年8月，国务院发布《国家计划收购和统一收购的农副产品和其他物资不准进入自由市场的决定》后，圩市交易农副产品减少。人民公社化后，农民自留地和家庭副业受到限制，圩市上已经没有什么农副产品上市，集市贸易基本消失。

1959—1960年，中央指示恢复农民自留地和家庭副业，恢复和组织农村集市贸易，沥滘的集市贸易逐步恢复和活跃起来，在经济严重困难的情况下，部分地补充了居民副食品的不足。"文化大革命"期间，农副业受到严重破坏，农村集市贸易萎缩，城市自由市场被取消。

1978年，市革委会决定在城郊地区设农副产品临时摆卖点，开办了沥滘农贸市场。随着改革开放的深化，农副产品上市品种数量增加，质量提高，成交更加活跃，促进了农贸市场的建设。由在马路、横街、路边空地露天摆卖，逐步转向建设室内农贸市场，沥滘综合市场、迎祥坊市场、沥滘市场、大沙市场建成使用。

（三）供销合作社

中华人民共和国成立后，为了供应农民所需的生产、生活资料，帮助农民摆脱私商的盘剥，销售农副产品，1951年成立农民商业企业——沥滘供销社，农民入股入社，凭社员证优惠购物，年终按股金分红。初期的供销社，资金少，设备差，靠肩挑和小艇运送商品，服务到田头，边买边卖边帮助农民解决生产和生活困难，配合政府搞好工作。1951年底，沥滘供销社并入敦和供销社。新洲、沥滘并为新滘区后，改称为新滘供销社。此后，扩建了沥滘门市部。经过几年的发展，形成了供销社、门市部、供应站三级农村商业网络，业务有了很大的发展，基本满足了沥滘地区人民生产和生活的需要。

1954年7月，中共中央发出《加强市场管理与改造私营商业》的指示，供销社承担了国家委托改造农村私营商业的任务。供销社设立私改组，采用经销、代购代销、合营、合作等形式，对私商进行改造，到1956年，把沥滘地区的私营改造成为供销社合营合作商业，从而增加了一批网点，扩大了业务经营。

在"大跃进"和人民公社化时期，供销社由集体所有制转为全民所有制，各项工作按国营企业开展，取消了监督管理机构，与农民群众关系疏远了，管理水平下降，业务经营能力削弱，中小农具缺货，影响了农业生产和农副产品的收购与销售。1961年国营分家、退制，设于圩镇的原合营店和合作店，转成为国营店和合作店，在农村的小商店组建成为供销合作店，由供销社合作商店管理委员会领导，其余则分为新滘、新凤、新洲3个供销社。供销社重新挂牌后，按社章办事，恢复民主办社，独立自主经营，把支援农业生产放在首位，大力组织农业生产资料和生活资料供应。组织副业生产，支持发展多种经营，扩大农副产品收购，业务有了很大发展。1962年12月，新滘、新洲、新凤3个社合并为新滘供销社。

"文化大革命"时期，供销合作社被批判和否定，第二次合并于国营。1973年7月再次分家，新滘供销社恢复后，组建农民组（农业生产资料采购组），帮助农村副业生产，及时组织化肥、农药、篱竹、种子、果苗等生产资料，支持发展农副业生产，促进了当地水果、蔬菜生产，并大量收购水果、蔬菜供应市场。1982年恢复了供销社的集体所有制性质。

供销合作社建社以来，认真贯彻执行合作社的民主管理原则，建立社员代表大会制度，由社员代表大会选举（或罢免）理事监事会成员，审批理事会和监事会的工作报告，审批供销社的经营方针、经营计划、财务预决算、经营成果分配和其他重大事项。理事会作为执行机关，贯彻执行国家的方针政策、上级社的指示和社员代表大会决议，全权实施合作社的经营管理。监事会则代表社员对合作社的活动进行监督，社员代表大会每年召开一次，听取代表意见，改进工作。1958年后，由于供销社所有制问题几经反复变化，社员代表大会制度的执行受到影响。"文化大革命"时期曾改由贫下中农管理，1982年恢复由社员管理。为了适应商品经济的发展，更好地发展领导集体的作用和职工的主人翁精神，完善经营责任制，经过干部、职工以及社员的反复研究，于1989年1月开始由社员代表大会选举产生的社务委员会领导下的主任负责制代替理事会、监事会的管理体制。同时，在管理上分专划细，加强专业经营，放开手脚参与市场竞争，促进了业务发展。在经营上虽然遇到不少困难，但支农宗旨始终不变，受到农民群众的好评。

供销社合作商业建立于1956年社会主义改造高潮时期，由同期成立的供销社合作商店管理委员会（简称"合管会"）对沥滘地区合作化时组织起来的合作店组和个体户进行管理。1958年"大跃进"时曾合并于国营商业，1961年分家时，原供销社合管会所属企业分为两部分，凡在圩镇和马路的合作店，按行业归口国营专业公司管理，凡在农村的合作店则仍由合管会管理。合作店铺多数借用农村的祠堂、庙宇开店经营，资金少，房子残旧，设备简陋，之后发展了一批网点，扩大了合作店经营阵地。改革开放以来，社会商业发展迅猛，而合作店职工则年老体弱的多，退休的多，包袱沉重，在市场竞争中处于不利地位。

（四）行业经营百花齐放

1. 百货行业的发展

沥滘百货行业的经营由来已久，早期是肩挑商贩"绒线佬"，后逐渐发展到入店经营，品种有头绳、针纽、日用工艺品等苏杭杂货。清光绪年间，洋货大量涌入，经营品种增加了洋货，通称"华洋杂货"。进入民国后，经营商品有国产针棉织品、绒衫、绒袜、毛衣、香皂、香水、毛毡、化妆品、儿童玩具、日本毛巾、西洋毛巾等。抗日战争期间，沥滘地区的百货商品倒闭不开。抗日战争胜利后，复业和新开张的百货零售商店如雨后春笋，但多属小店。

沥滘村百货业主要经营的商品有：日用百货、床上用品、针棉织品、鞋帽时装、皮箱、手袋、钟表、影音、家电、家具灯饰、金银首饰、玻璃镜画、搪瓷制品、儿童玩具、自行车、通信器材。

2. 农业生产资料

供销合作社农业生产资料经营主要有农药、化肥、农用薄膜及篱竹四大类以及中小农具、农械等项目。经营的农业生产资料品种由少到多，供应量不断增加，为促进沥滘地区生产发展作出了重要贡献，发挥了"农业生产后勤部"的重要作用。

沥滘地区农村农业合作化以后，由于农业生产资料的需求不断增加，农资供应工作采取了积极扩大货源，搞好分配调拨，适当控制销售的方针，实行"集中使用、保证重点，只供应集体、不供应个人，保证支援农业生产，巩固集体经济"的原则。

党的十一届三中全会以后，农村逐步推行了家庭联产承包责任制，1981年，全国供销合作总社提出了不论是对生产队还是对专业组、农业户或个人，都要"一视同仁，同等对待"的供应方针，从此结束了过去农业生产资料供应"只供应集体，不供应个人"的做法。1984年以后，随着改革开放的深入，农业生产资料经营从过去的封闭调拨的分配形式向开放式和经营服务型转化。

3. 废弃物资回收

中华人民共和国成立后，为了把零星分散的废旧物资收购起来，国家把回收城乡废旧物资的任务交给供销合作社。1955年全国供销合作总社制定的加强废旧物资回收工作方案中提出，为了完成国家委托的任务和进一步满足经济建设的需要，废品回收业务必须充分发挥合作组织的广泛性和群众性特点，组织各种力量扩大货源，组织收购，并与有关部门协商决定，城乡废旧物资回收业务统一由供销合作社负责。回收对象除城乡居民外，还包括机关厂矿、企业等部门。

废旧物资遍布城乡，分散在千家万户，既没有固定的产区，也不受季节性的影响。所以，拿到门店来出卖的废旧物资很少。于是，新滘供销社决定采用流动和固定相结合的办法，一方面扩大废旧物资回收站的影响，让更多人拿废旧物资到门店来出售，另一方面派出人员走街串乡地进行收购，使回收废旧物资的品种和数量都有很大的增加。1956年5月以后，由于国家铜材紧缺，按照上级指示，逐家逐户地去动员群众出售"废旧"铜制品，同年大炼钢铁的时候，也用过同样的方法去"回收""废旧"钢铁。1958年以前，都是以社会零星回收为主，1958年以后，开始了对工厂大宗的物资回收工作，使回收业务不断扩大。其中沥滘回收站以对工厂的物资回收为主要业务。

4. 其他

糖烟酒副食品行业中的自然行业比较多。糖烟酒行业主要经营香烟、酒类、食糖、糖果、饼干、糕点、罐头、饮料等。副食品行业主要经营油糖杂粮、京果海味、咸杂菜调味酱醋等。

食品杂货行业，经营范围包括粮油糖京果海味。新中国成立前，从事这个行业的摊贩较多，商店多数设于居民集中的地方。新中国成立后，为了方便群众生活，食品杂货商店在区内星罗棋布，商店多设在大街小巷和肉菜市场内。

沥滘村内的农贸市场经营范围包括蔬菜、食品、水产和食杂四大行业，主要品种有干口菜、水叶菜、瓜豆、豆制品、猪肉、牛肉、各类家禽、蛋品、烧腊制品、野生动物、塘鱼、冰鲜水产品、京果海味、盐油酱醋、咸杂、食糖、米面制品、酒类、香烟等，供应当地居民和机团单位，为当地群众提供生活方便。

中华人民共和国成立初期，沥滘的茶楼、酒家、饭店都是独资或夫妻经营的饮食小店，经营资金很少。在公私合营和合作化过程中，调整合并了部分店铺。"大跃进"时期，由于大批中青年职工被抽调支援工业，参加饮食工作的大多是家庭妇女，造成各店女职工多于男职工，饮食业技术力量不足，熟练工减少，食品制作满足不了消费者的需求，出现排队买食品现象。

60年代经济困难时期和"文化大革命"期间，区内饮食业的服务质量和食品质量严重下降。在经济困难时期，由于肉、粮、油、面等原料短缺，各店以菜代肉、以咸代甜、以烘代煎炸、以米代面等来制作食品，影响食品质量，失去传统风味。茶点饭市品种单调，服务质量较差。改革开放后，市场活跃，原材料充裕促进了饮食业的大发展。随着大批私营个体饮食店的出现，沥滘村饮食业日益繁荣兴旺。

四、旧村蜕变展新颜

（一）城中村改制情况

2002年6月，根据市的部署，海珠区开展了"城中村"改制工作。根据区的部署，9月28日，沥滘村挂牌成立"城中村"改制办公室；10月1日起，村委会停止运作，村民成建制转为城市居民，沥滘经济联合社和下属经济合作社保留，负责原行政村的集体资产（包括土地、物业）管理等工作。经过改制，沥滘管理体制从农村管理向城市化管理转变，从而实现城市的一元化发展；规划建设上，改变旧村建设的落后与混乱局面，改善旧村人居环境，使其与城市的发展协调一致，从高密度、环境恶劣、粗放式的建设转向低密度、环境优美、集约式的建设，实现居住环境、社会效益的统一与可持续发展。

（二）旧村迎来新发展

进入21世纪以来，在海珠区委、区政府的领导下，沥滘村紧跟时代的步伐，不断完善城市管理体系，大力发展经济，村社居民的生活幸福感知度有了明显的提升。

稳步发展第一产业。在完善土地承包责任制的同时，狠抓农田管理，减少耕地丢荒，大力推动土地适度规模经营，指导村民种好承包田，组织村、社干部检查生产，农田水利基础设施建设进一步得到加强，农业生产抗灾能力不断提高，提高了土地利用率，使农产品的数量和质量都得到提高，使第一产业能健康稳步发展。引导沥滘村农贸市场从简单的提供场地、收管理费提质改造为惠及千家万户的民心"菜篮子工程"，严格把好市场准入关和检测关，建立健全农贸市场长效管理机制，确保群众消费安全，以争创样板农贸市场为目标，完善市场管理制度，提升市场管理水平。

巩固发展第二产业。进一步完善企业的管理制度，重新制定承包方案，重点加强企业内部管理和成本核算，产业结构进入调整发展阶段，努力开拓新技术、新产品，使企业经营走上正确的轨道并逐渐提升。企业加深对无形资产的认识和投入，外树形象，焕发生机，健康稳步发展，企业的产品在市场竞争中脱颖而出、信誉良好，取得社会认可。

乡镇企业在发展初期，由于环保意识和规划意识不强，企业发展不规范，因而污染问题较严重。从1996年12月13日起开展历时一年的乡镇企业与第三产业污染源的调查。调查结果显示，乡镇企业废水排放量、废气排放量分别占全区排放总量的60.7%、92.96%。为逐步扭转乡镇企业对环境污染和生态破坏加剧的状况，对城乡接合部和新滘农村，开展一系列整治工作。以仑头、沥滘村为试点，实施"四个一"（一个样板村、一个样板住宅小区、一个样板公园、一条样板路）样板工程。经过一年的整治，面貌有明显改观。

1998年5月，区制定《中共海珠区委、海珠区人民政府关于促进农村经济发展的若干措施》，明确乡镇企业的地位和作用、农村经济发展的方向，并制订扶持农村经济发展措施，同时从1998年起拨款200万元建立乡镇企业发展基金。沥滘以产权改革为突破口，大力推进企业转制，继续采取改组、兼并、联合、出售、租赁、承包经营和股份合作制等多种形式放开搞活。通过对企业进行战略性重组，加大企业产权改革力度，真正使企业能够按经济规律运作发展。同时，企业优先资源配置，降低生产成本，引进先进技术，创造名优品牌，提高产品质量和技术含量，提升产品档次和附加值，全方位发展。进一步优化企业产业结构，转变发展方式。指导珠江摩托车厂、沥滘电镀厂开拓新技术、新产品，加强企业治污减排工作，提高产品竞争力。对珠江摩托车厂成功进行转制，从原来的股份制转为自办企业，自主经营，由公司副经理出任厂长，加大管理力度。进一步推进产业"退二进三"，转变发展方式。2011年1月，沥滘电镀厂结束5年的承包期后顺利结业，公司也迅速将电镀厂的旧厂房全部改造成仓储基地，终止了沥滘地区历史上最大污染源。

　　大力发展第三产业。随着海珠区基础设施投资的不断扩大，城市建设和管理水平的不断提高，地铁三号线沥滘站、广佛折返线、广珠快线的建设和广州客运港的规划给沥滘的经济带来新的机遇和动力，沥滘村充分抓住一系列项目所带来的投资机会，大力发展第三产业，利用沥滘地缘、资源优势，指导、支持各社利用现有的基础，发挥优势和潜力，重点抓好村内仓库、工业区及广州大道南商铺的建设和管理，从改善投资环境、加强服务管理入手，完善各项制度，建立良好的发展环境和投资环境，吸引了一批外来投资者。

　　个体私营企业也得到迅猛发展，改制办发挥积极作用，营造公平对待、公开竞争的市场环境，扶持引导和帮助个体、私营企业大胆经营，促使非公有制经济上新水平，取得良好的经济效益和社会效益。

　　城市管理体系不断完善。随着广州逐步提升干净整洁平安有序的城乡环境品质，统筹推进旧城镇、旧厂房、旧村庄更新改造，专业批发市场、低端物流园、村级工业园整治提升、违法建设、黑臭水体、"散乱污"企业专项治理九项重点工作。沥滘村地区管理水平不断提升，加强水利基础设施建设，配合市政排污工程稳步推进，加固河堤、清疏河涌、排灌渠闸、田间灭鼠、蔬菜检测等工作得到巩固。成立"三防"抢险工作领导小组，制定"三防"防御措施和抢险应急预案。积极开展爱卫管理和环保工作，落实除"四害"、防疫工作，控制环境污染源。积极推进政府各类治理工作、创建工作和示范小区建设，控制"六乱"现象，落实门前"七包"监督管理工作，加强村社物业环境卫生管理，村容村貌明显改善。突出整治横街窄巷卫生死角，清理脏乱差现象。加大力度整治河涌，落实定期除"四害"工作。做好环保法规宣传，增强企业和群众的环保意识，落实环保目标责任制，改善生态环境。

（三）城中村改造扎实推进

根据《关于广州市推进"城中村"（旧村）整治改造的实施意见》，沥滘村属于"全面改造"模式的52条城中村之一。沥滘村按照"统一动迁、分片建设、先抓复建、分批收房"的总体思路，扎扎实实、和谐有序推进改造，按照四点工作原则逐步推进：一是政府加强宏观指导，积极出谋划策，争取拆迁补偿方案80%通过；二是加大宣传力度，充分听取和反映群众意见建议，切实发挥宣传带动作用，提高群众的认同感和支持度；三是将股民、居民、侨民通盘考虑，同步推进征地拆迁工作；四是优先考虑村社物业、村民复建房的建设，争取股民更大的利益，加快改造步伐。

2001年，经广州市政府批准，沥滘村成为"旧村改造试点村"。

2007年，沥滘村改造首期工程——沥滘星晖园竣工交付使用。

2009年，广州市政府以穗府〔2009〕56号文，出台了《关于加快推进"三旧"改造工作意见》。

根据穗府〔2009〕56号文精神以及市三旧办穗旧改复〔2011〕23号文要求，沥滘经济联合社根据本村的实际情况，经过广泛听取村民的意见，对原《沥滘城中村改造房屋补偿安置方案（征求意见稿）》进行修改、补充、完善，经济联合社两委会审议定稿为《沥滘城中村改造房屋补偿安置方案》，呈送区人民政府城市更新改造工作办公室备案。

2011年，沥滘经济联合社与珠光集团正式签订沥滘城中村改造合作合同，确立了沥滘城中村改造合作方为珠光集团，广州市"三旧"办公室批复同意"沥滘城中村改造，按照自主改造模式"，实施整村改造。

2012年7月，沥滘经济联合社拟定了《沥滘城中村改造房屋补偿安置方案》。

2013年7月，在广泛征求村民意见的基础上，经济联合社召集各经济社社长、社委、党员、顾问团成员、村民、非村民以及外单位代表会议，对《沥滘城中村改造房屋补偿安置方案（讨论稿）》进行通报，召开6场股民户代表和部分居民户代表大会。同时，经济联合社以各经济社为单位，组织村集体经济组织成员进行表决。9月，股民代表表决通过该方案。

2014年1月，经济联合社将《沥滘城中村改造房屋补偿安置方案》进行公示。9月，以各经济社为单位，开始组织村集体经济组织成员进行表决投票。

2016年11月，沥滘改造全村表决率达到70%。沥滘村改造的脚步也将加快。经济联合社将表决结果上报广州市海珠区人民政府城市更新改造工作办公室备案，正式启动沥滘城中村改造签约工作。对签约率达到95%以上的片区开始启动搬迁，全面实施沥滘城中村改造工作。

2020年6月，沥滘城中村改造项目复建地块被授于《建筑工程施工许可证》，标志着沥滘城中村改造项目全面启动建设。同时，沥滘村正式启动全村范围内住宅房屋签约工作。

根据海珠区珠江后航道城市设计及控制性详细规划，将整合太古仓地区、广纸地区、海珠湾（沥滘片区）、海珠湿地等重要节点，形成融入粤港澳大湾区发展的海珠区珠江后航道经济带、创新带和景观带。

根据海珠湾（沥滘片区）城市设计及控制性详细规划，海珠区南面的沥滘片区将迎来全面升级改造，未来将建设成为集科技创新、高端商务、文化展示、观光旅游、优质生活于一体的粤港澳大湾区滨水新地标。当前，海珠区正大力推进"一区一谷一湾"创新岛建设。其中，"一湾"，即海珠创新湾，规划范围约18平方公里，主要包括广纸、中交、沥滘片区，具有难得的黄金岸线资源，现状主要是旧厂房和城中村，潜力巨大，已有中交总部、中海启迪等项目落户，未来将打造成高端生产性服务枢纽。沥滘地区是海珠创新湾的核心部分，其改造范围总用地面积2271.3亩，现状建筑总面积239.2万平方米，现状综合容积率1.58。改造后规划建设总量436.27万平方米（其中住宅243.4万平方米，非住宅192.87万平方米），可释放建设用地2172.15亩，综合容积率2.88。

当前，沥滘村走到了一个新的历史路口，旧改蝶变新生。未来的沥滘，更值得期待。

附　录

附录一 **革命遗址**

一、孙中山大元帅府旧址

位于广州市海珠区纺织路东沙街18号，因孙中山1917—1925年间两次在这里建立大元帅府而得名。该旧址面临珠江，占地面积8280平方米，由南北两座主体大楼、东广场、西广场和门楼组成，两

孙中山大元帅府旧址外景

幢主体大楼均为西洋式三层楼房，混合结构，金字架灰脊瓦面，花岗石基，四壁水泥批荡，门窗开阔，柱壁出线，上成拱形，双线出光环饰，各层四面沿外墙走廊相通。

该旧址在清末时原是官办的广东士敏土（水泥）厂办公楼，由清光绪年间两广总督岑春煊奏办，地点在广州河南草芳围。水泥厂原占地面积有11.33万平方米，1907年动工，1909年竣工投产，设备由德国进口，生产技术由中国人主理。至1933年并入广东西村士敏土厂，不久停产。孙中山在广州建立革命政权时，

先后于1917—1918年、1923—1925年征用为大元帅府。

1917年，孙中山南下广州，开展护法运动。同年9月10日宣誓就中华民国护法军政府大元帅职，在黄埔设大元帅府，9月15日迁至广东士敏土厂办公楼，16日开始办公。1918年5月21日，因护法主张无法实现而离开。1923年2月21日，孙中山在驱逐陈炯明叛军后重返广州，在广州东郊农林试验场设大元帅府，同年3月31日迁至广东士敏土厂办

孙中山大元帅府旧址走廊

公。1924年11月13日应冯玉祥邀请，离粤进京。孙中山的许多重大决策，如反对南北军阀的护法斗争、平息广州商团叛乱、改组国民党、第一次国共合作等都是在大元帅府内作出的。

孙中山逝世后，大元帅府旧址先后被国民革命军总司令部、国民革命军第八路军总指挥部、国民革命军第十一军总司令部、广东无线电专门学校、国父纪念馆和中山文化教育馆西南分馆等机构使用。中华人民共和国成立之初，曾先后作为部队和机关办公楼，1964年9月由广东省农业机械供应公司使用。

1983年8月13日，被定为广州市文物保护单位；1989年6月29日，被定为广东省文物保护单位；1996年11月20日，被定为全国重点文物保护单位。

1997年，依托旧址筹建"孙中山大元帅府纪念馆"。2001年，结合滨江路改造工程，对旧址进行了整体修缮及周边环境整

治，设立大元帅府广场及孙中山铜像。

现馆内设有"帅府百年"复原陈列、"捍卫共和 复兴中华——孙中山三次在广东建立政权"基本陈列、"帅府名人像传"、"吾志所向 一往无前——孙中山早年的奋斗历程"等常设展览，馆藏文物有一万余件（套）。

二、第一次全国劳动大会旧址

位于广州市海珠区滨江西路230号。大楼于1920年建成，为广州机器工人和粤籍旅居东南亚的机器工人捐献兴建，原为广东机器工会（广州河南机器维修会），现为广州业余大学校址。[1]

该建筑为西式混凝土三层砖石结构，东西长34.1米，南北长29.6米，顶层为阳台。大楼面马路、临珠江，挺拔高耸，左右为民居商户，繁华融洽。大楼中座平列三间，左右对称，肩楼突出1米。立面中央为两条科林斯式柱，自底座贯至四楼天台。阳台周围女墙，中托半圆齿轮状拱饰，中塑五角星。天台肩楼各加上盖，女墙开窗。二、三楼主楼带护栏，内为走廊。肩楼各开窗3个并排对掩。顶层与首层各出飘檐0.5米，相连围镶全楼。该建筑本身就是工运史旧址，空间较大，保存较好，原貌较独

第一次全国劳动大会闭幕现场

---

[1] 广州市文物普查汇编编纂委员会、海珠区文物普查汇编编纂委员会编：《广州市文物普查汇编（海珠区卷）》，广州出版社2008年，第38页。

特。滨江路改造工程将建筑前大花园全拆除。该建筑西南侧为礼堂，砖墙，屋顶桁架结构，设有天窗。

由中国共产党领导、中国劳动组合书记部发起的第一次全国劳动大会于1922年5月1日至6日在广东机器工会内召开，它是中国劳动工人运动史上的第一次大会。到会代表有173人，代表全国12个大城市110个工会34万有组织的工人。6天的劳动大会选出了领导机构，通过了罢工援助案、八小时工作制案以及全国总工会组织原则案等十项决议案。中共在大会上鲜明地提出"打破军阀主义、打破帝国主义、打破资本主义！"的政治口号，得到广泛响应，并被写进大会《宣言》公开发表，号召全国工人反对帝国主义和封建军阀。第一次全国劳动大会是中国共产党历史上以及工运史上的一次重要会议，是中共在全国范围内增强和扩大党的阶级基础以及政治影响力、确定对全国工人运动领导地位的开端，成为中共早期发展中具有重大意义的政治行动。在共产党的领导下，中国工人阶级开始走向全国统一的道路。

参加第一次全国劳动大会的各省代表合影

该遗址在保护级别上属于市级文物保护单位，在利用级别上属于市级爱国主义教育基地和市级党史教育基地。2008年12月，公布为广州市文物保护单位。①

三、廖仲恺何香凝纪念馆

位于广州市海珠区东沙路24号仲恺农业技术学院内，原址为何香凝为纪念廖仲恺先生，继承孙中山、廖仲恺竭力"扶助农工"之遗愿，于1927年3月创办的仲恺农工学校的办事处。1982年，由原国家副主席王震提议，经中共中央书记处批准将办事处旧址改建修缮后，建立廖仲恺何香凝纪念馆，8月30日开馆，叶剑英元帅为其题写馆名。1982年10月被定为广东省文物保护单位；②2003年10月，被列为"广州市爱国主义教育基地"；2010

廖仲恺何香凝纪念馆外景

---

① 中共广州市委党史文献研究室编：《广州红色史迹》，岭南美术出版社2020年，第163页。

② 广州市文物普查汇编编纂委员会、海珠区文物普查汇编编纂委员会编：《广州市文物普查汇编（海珠区卷）》，广州出版社2008年，第38页。

年11月，被列为"广东省统一战线基地"。

纪念馆分上下两层，正门向北，以8根方柱顶托二楼露天阳台。首层大厅，安置着廖仲恺、何香凝夫妇紧靠在一起的半身石膏像，展厅分为"寻求爱国真理、追随孙中山献身推翻清王朝的革命事业"等6个部分。纪念馆最初主要展览廖仲恺、何香凝的革命事迹，他们的儿子、全国人大常委会原副委员长廖承志逝世后，经中央同意，纪念馆增加了廖承志事迹陈列，于1984年6月10日纪念廖承志逝世一周年之际重新开放。厅内展出的珍贵文物、史料、照片等647件，记述反映了廖仲恺、何香凝和廖承志一家两代为中国革命作出重大贡献的光辉一生。廖仲恺、何香凝夫妇是我国近代民主革命著名的政治活动家，他们追随孙中山，从事拯救民族危难、推翻清王朝的革命活动，参加讨伐袁世凯和南北军阀的斗争，协助孙中山制定三大政策，促成第一次国共合作。廖仲恺于1925年8月在广州被国民党右派暗杀。

四、中共南石头监狱特别支部遗址

中共南石头监狱特别支部是关押在广州市南石头监狱的中共党员组成的特别支部。南石头监狱，位于广州市海珠区南石头路28号，靠近珠江白鹅潭，原址是清朝时期的镇南炮台，开

南石头监狱残垣

始时称为"国民党广东省公安局南石头惩戒场"，其后改称为"惩教场"。

1927年4月，蒋介石发动四一二反革命政变后，广东反动派亦于四一五叛变革命，进行反革命大屠杀。南石头监狱成为国民党反动派关押、审讯、杀害共产党人、革命志士以及革命群众的监狱、刑场。①共产党人熊雄提出"组织起来，团结群众，巧妙斗争，迎接光明"的口号，点燃了狱中斗争之火。为进行狱中斗争，被捕入狱的100多名共产党员，推举了8人组成领导小组，直属中共广州市委。后因小组负责人有过半被杀害，重组领导机构，改组为中共南石头监狱特别支部（以下简称特支），内设书记、宣传、组织、工干、军干各1人、候补特支委员2人，共7人。历任党支部书记有：潘先甲（狱中化名）、刘光、谢四（狱中化名，实际是阮啸仙之弟）、江坤、郭枝等。特支成立后，针对狱中各种酷刑和非人待遇，领导狱友开展斗争，经过斗争以及各方营救，有的人得到释放。1932年9月，奉上级组织命令，特支停止活动。

从第一次大革命失败至抗日战争全面爆发，我党许多早期领导人、优秀共产党员和革命志士在这里被反动派杀害，其中包括萧楚女、熊雄、邓培、刘尔崧、李启汉、何耀全、毕磊、熊锐、陈复、沈春雨、邹师贞、谭毅夫、彭粤生、黄锦涛、周其柏、敖昌骙等。②

1938年，日军侵粤后不久，把南石头监狱改成广州南石头难民收容所。1941年，南石头还设立有粤海关海港检疫所。1941年底香港沦陷，先后有上百万香港难民迫于生计逃回内地，其中许多难民被安置在南石头难民营，难民营见证了抗日战争时期粤港

---

① 中共广州市委党史文献研究室编：《广州红色史迹》，岭南美术出版社2020年，第168页。

② 广州市文物普查汇编编纂委员会、海珠区文物普查汇编编纂委员会编：《广州市文物普查汇编（海珠区卷）》，广州出版社2008年，第38页。

"惩教场"大门

难民一段悲辛血泪史。抗日战争时期这里成为侵华日军细菌武器试验场，有数千名无辜粤港难民成为细菌武器的试验品。①

中华人民共和国成立后，改建成广州第一自行车厂。1996年，该厂改制后为广州摩托集团公司五羊摩托分公司。1995年，适逢世界反法西斯战争暨中国抗日战争胜利50周年，在有关人士的推动下，新建粤港难民之墓，立于广州造纸厂宿舍区南石头丙西街水塔脚旁。

五、卫国尧烈士故居及纪念馆

卫国尧（1913—1944），海珠区沥滘村人。②1934年高中毕业后东渡日本留学。全面抗日战争爆发后，卫国尧在武汉国民党中央军事委员会政治部任少校参谋，从事抗日宣传工作。他于

---

① 中共广东省委党史研究委员会编：《南石头监狱的斗争》，1988年，第193页。

② 中共广州市委党史文献研究室编：《广州红色史迹》，岭南美术出版社2020年，第171页。

卫国尧烈士故居内景

1938年5月加入中国共产党，1940年4月被党组织安排到珠江三角洲参加敌后游击队，在广州近邻和沥滘建立秘密据点。卫国尧回到村中，与号称"十老虎"的村中十个恶霸兄弟周旋。1944年，卫国尧趁"十老虎"清明扫墓的机会，与广游二支队巧妙地一举擒拿其中最为凶恶的"八虎"。其后卫国尧被任命为广游二支队新编第二大队大队长。后因汉奸告密，在番禺与日军遭遇，英勇战斗，不幸牺牲。①

卫国尧故居位于广州市海珠区南洲街道环秀坊社区沥滘村东街七巷6号。建于公元1915年，1958年重修，以后也多次由政府出资小修。坐西朝东，三间两廊式砖木结构。墙角为花岗岩石，上砌水磨青砖，天井铺白条石，右边有一条约1.5米的走廊入后园（约50平方米），后园前盖有约9平方米的旧厨房。北廊与南廊

---

① 中共广州市委党史研究室，广州市民政局编：《广州英烈传》，广东人民出版社1991年，第490页。

学校里的卫国尧纪念像　　　　　　　卫国尧烈士纪念馆

之间有一天阶，天阶正对厅堂，厅堂两侧有房间各一，北廊门入厨房和卫生间。厅堂正门设有柚木趟栊，总建筑面积约100平方米。屋子的正厅正面悬挂有镜框，里面镶嵌有烈士传略，陈设简单美观，大门口还悬挂有"卫国尧烈士故居"横匾和广东省人民政府颁发的"光荣烈属"牌匾。1993年8月，公布为广州市文物保护单位。现卫国尧故居仍为民居，保护情况一般。①

卫国尧烈士纪念馆位于卫国尧纪念小学内，馆内展出卫国尧生平事迹展板、卫国尧雕塑、塔沙岗战斗地形图等。该馆于1995年9月被评为海珠区爱国主义教育基地，2008年7月被评为海珠区国防教育基地，2013年7月被评为海珠区中共党史教育基地。

六、陈复烈士墓

位于广州市海珠区江南大道东街18号对面。墓园占地面积约90平方米，坐北朝南，墓门上"陈复烈士之墓"石额为聂荣臻元

---

① 广州市文物普查汇编编纂委员会、海珠区文物普查汇编编纂委员会编：《广州市文物普查汇编（海珠区卷）》，广州出版社2008年，第130页。

陈复烈士墓

帅手书。墓园中有座混凝土结构六角攒尖顶墓亭，顶尖处镶有六角宝珠，直径4.4米，高2.7米。亭后端建墙镶有"陈复先生墓"碑，碑两侧各有刻石两块，石上分别雕刻着《为陈复惨被虏杀报告书》及《哭子复》诗四首。诗碑高0.83米，宽0.45米，云石，为1986年重修时重刻。中为花岗石墓碑，刻有"陈复先生墓"字样。墓碑分碑座及碑身。碑座高0.35米，宽1.12米；碑身高1.65米，宽0.69米。①

陈复（1907—1932），又名志复，番禺县明经乡人。其父陈树人是国民党元老，岭南画派奠基人之一。陈复幼年随父母迁居广州，先后在海珠区南武小学、上海复旦中学就读。在沪求学期间，他研读了大量马列主义著作，并且踊跃参加革命实践，换上黄包车工人的衣服和工人一起拉车，深入接触群众，宣传革命

———————————

① 广州市文物普查汇编编纂委员会、海珠区文物普查汇编编纂委员会编：《广州市文物普查汇编（海珠区卷）》，广州出版社2008年，第60页，230页。

道理。1925年被孙中山先生选送赴苏联莫斯科中山大学求学，在此期间加入了中国共产党。1929年毕业归国后，先是在我党主办的香港工人日报社担任副社长，1930年又奉调至天津中共顺直省委，同聂荣臻同志一道工作，不久被捕入狱。在狱中，他虽受尽酷刑，但坚贞不屈，后经党组织营救出狱，调到广州，任中共广州市委宣传部部长。1932年8月10日不幸再次被捕，当晚被国民党反动派秘密杀害于南石头"惩戒场"，时年仅25岁。[1]

陈复同志牺牲后，陈树人收葬其遗体于自己作画及休憩之所的"息园"内，在园中建"思复亭"作为纪念。在亭中镌刻了《为陈复惨被虏杀报告书》及悼儿诗《哭子复》，后来这些碑文遭到国民党反动派的破坏。中华人民共和国成立后，烈士遗骨由广州市人民政府迁葬于银河公墓。1986年10月，墓园得以扩建，重修了墓亭，加建了门楼及后墓碑墙，拓展为墓园。1994年10月，海珠区在"思复亭"内立了一座陈复烈士半身铜像，供后人瞻仰。2013年，海珠区再次对陈复烈士墓园进行修缮，重修翻新六角攒尖顶墓亭、后墓碑墙，重建墓园围栏，重新铺设墓园地面等。

2002年，陈复烈士墓亭被定为广州市登记保护文物单位。[2]2008年被公布为广州市文物保护单位。

七、孙中山铜像

位于广州市海珠区新港街道中大社区新港西路中山大学内。2002年7月被广东省人民政府公布为省级文物保护单位。铜像是

---

[1]　中共广州市委党史文献研究室编：《广州红色史迹》，岭南美术出版社2020年，第165页。

[2]　广州市文物普查汇编编纂委员会、海珠区文物普查汇编编纂委员会编：《广州市文物普查汇编（海珠区卷）》，广州出版社2008年，第60页。

在孙中山先生逝世后，孙中山先生的日本友人梅屋庄吉先生在1932年赠送给中国的四座铜像之一。1933年11月11日，中山大学成立九周年纪念时，在石牌举行新校奠基暨孙中山铜像揭幕典礼。孙中山铜像在新校前正中，四周有石栏绕护，中筑石基，像置其上。1954年春，广州市人民政府借该铜像置于中山纪念堂前的广场上。1956年11月12日孙中山诞辰九十周年时，铜像又由中山纪念堂前迎置于中山大学康乐园新校园内。铜像坐南朝北，按照中山先生身高的1：1比例复制，寓意先生北伐的伟大事业。[1]

八、志宇卫公祠

位于广州市海珠区南洲街道环秀坊社区沥滘村东街坊13号。此祠为卫国尧、卫泰洵祖祠。[2]卫国尧，沥滘村人，于1938年加入中国共产党，1940年4月由党组织安排到珠江三角洲参加敌后游击队，在广州近邻和沥滘建立秘密据点。卫国尧回到村中，与号称"十老虎"的村中十个恶霸兄弟周旋。1944年，卫国尧趁"十老虎"清明扫墓的机会，与广游二支队巧妙地一举擒拿其中最为凶恶的"八虎"。其后，卫国尧被任命为广游二支队新编第二大队大队长，率领部队转战于禺南一带，打击敌伪，威震四方。同年，在离市桥20里的植地庄集结，准备袭击市桥的日军据点。不料被汉奸告密，日军连夜从四面包围植地庄，卫国尧突围时不幸胸部中弹，壮烈牺牲，年仅31岁。卫泰洵（1930—1944），卫国尧侄子，1944年参加革命，广游二支队交通员，与卫国尧同在植地庄战斗中牺牲。建筑坐西南朝东北，三间两进，砖、木、石结构。总面阔11.6米，总进深30.3米，占地面积393.1

---

[1] 广州市文物普查汇编编纂委员会、海珠区文物普查汇编编纂委员会编：《广州市文物普查汇编（海珠区卷）》，广州出版社2008年，第238页。

[2] 同上，第95页。

平方米，祖祠内部结构保存完好。[①]

九、兆香杏仁饼铺旧址

位于广州市海珠区厚德路64号，这里是在东亚酒店三楼窗户升起广州解放第一面五星红旗的中共地下党员萧泛波及其妻子黎秀琼隐藏身份之处，开铺以卖饼为生，暗中建立的中共地下联络据点。这个遗址有史料为证，因新中国成立以来未纳入保护和管理，近年在城市建设过程中已拆毁。

十、蒙家祠

位于广州市海珠区宝岗大道慎德里汇源大街18号。始建年代待考证，据说抗战时期毁于大火。1947年蒙氏族人筹集资金重建，于1949年建成。广州解放时曾用于驻军，后作为土改办公之队部，先后被用作托儿所、学校，现为海珠区教育局仓库。建筑被多次改造，内部用天花棚顶覆盖，无法辨认梁架结构，唯屋顶尚可辨类祠堂形制。坐南朝北。三间三进，左右青云巷，临瑶溪。门前官道通龙溪、小港。祠内供有宋元先代遗像。中堂及后堂均为硬山顶，灰塑博古脊，碌灰筒瓦，绿琉璃滴水、瓦当剪边。两侧廊碌灰筒瓦，绿琉璃滴水、瓦当剪边。天井已改为混凝土铺地。[②]

---

① 中共广州市委党史文献研究室编：《广州红色史迹》，岭南美术出版社2020年，第174页。

② 广州市文物普查汇编编纂委员会、海珠区文物普查汇编编纂委员会编：《广州市文物普查汇编（海珠区卷）》，广州出版社2008年，第81页。

附录二 **其他遗址**

一、惺亭

位于中山大学康乐园中心区，坐落在孙中山铜像北面的大草坪间。纪念亭是1928年由原岭南大学惺社的学生为纪念史坚如、区励周、许耀章等三位烈士筹资建成的。史坚如是辛亥革命时期的烈士，被孙中山称为为革命牺牲第一人；区励周、许耀章是1925年沙基惨案死难烈士。岭南大学每届毕业生都有一个社名，1928年的毕业班命名为"惺社"，惺亭便由此得名。"惺"字有苏醒之意，惺亭配大钟，警醒人们缅怀烈士，振奋向前。又有一说，惺亭寄托着岭南大学怀念第一位华人校长钟荣光的情思：因钟氏字惺可，中山小榄人氏，故有惺亭之称。钟荣光早年曾加入兴中会从事民主革命，后任岭南大学校长，为建设岭南大学鞠躬尽瘁，成为世人敬重的教育家。[①]

二、陈嘉庚堂——岭南大学附属小学建筑群旧址

位于广州市海珠区新港街道中大社区341号东北区。该建筑于2002年被广东省人民政府公布为广东省文物保护单位、不可移动文物。共8栋楼和一个方亭，于1915—1930年先后落成，最后

[①] 广州市文物普查汇编编纂委员会、海珠区文物普查汇编编纂委员会编：《广州市文物普查汇编（海珠区卷）》，广州出版社2008年，第186页。

一栋落成年代较晚。陈嘉庚堂为两层建筑，另有地下室，坐东朝西，又称小礼堂。堂前石匾刻有"陈嘉庚堂"，"文化大革命"期间字被凿去，现再刻上的"陈嘉庚纪念堂"乃商承祚教授题写。现陈嘉庚堂作为近岸海洋科学与技术研究中心所在地。陈嘉庚堂——岭南大学附属小学的前身叫蒙养学塾，[①]早在1908年经司徒卫创始，至1911年正式成立。附属小学原为基督教学生青年会之事业，设于学校附近乡村，1914年迁入校内为一独立单位。早期小学自行拟定7年学制，后按《壬戌学制》自1925年始采用6年制，全面抗日战争前学生最多有250人，至1948年学生达379名。后期小学6年制，每个年级一个班，一个班占一栋楼，读书食宿皆在内。陈嘉庚（1874—1961），福建省同安县集美村人，爱国华侨的领袖、著名的实业家，也是倾囊办学的教育家。他认为"教育为立国之本，兴学乃国民天职"，"教育不振兴则实业不振兴"。他创办了厦门大学，先后资助福建省20余县、市70多所中小学办学经费。1949年后，陈嘉庚定居国内，曾任全国政协副主席、全国归侨联合会主席等职。1961年在北京逝世。

三、侵华日军华南防疫给水部遗址

位于广州市海珠区南石头街道棣园社区南石西路兴隆大街44号。清末民初所建。楼房坐东向西，面向珠江。钢筋混凝土结构，硬山瓦顶，两层，占地面积约400平方米。为一单体双层建筑。1927—1936年此处为国民政府广州市公安局分处。日寇侵华期间，该建筑为伪政府占用，称粤海港检疫所，名义上是处理广州市内河船运的报关和检疫。1938年侵华日军细菌战部队波字

---

① 广州市文物普查汇编编纂委员会、海珠区文物普查汇编编纂委员会编：《广州市文物普查汇编（海珠区卷）》，广州出版社2008年，第174页。

8604部队在广州组建，对外称"华南防疫给水部"。大本营设在百子路（现中山大学北校区内），粤海港检疫所为其分部，在此使用细菌毒害来自香港的难民。侵华日军华南防疫给水部遗址是抗日战争时期的实物史证，具有历史研究价值。[①]

四、十九路军淞沪抗日残废军人教养院纪念碑

位于广州市海珠区新港西路下渡路广州市第六中学运动场的西南边，1933年立。碑为花岗石，高1.3米，边长0.45米，基座用黑色大理石砌筑两级而成，碑之两侧用白花碎石镶嵌，阴刻"十九路军淞沪抗日残废军人教养院纪念碑"。

"一·二八"淞沪抗战之役，十九路军牺牲1951名将士，伤者无数。1932年9月初，在蒋光鼐、蔡廷锴联名建议下，筹设淞沪抗日残废军人教养院。1938

十九路军淞沪抗日残废军人教养院纪念碑

年，日军飞机疯狂轰炸广州，十九路军淞沪抗日残废军人教养院亦被炸。

1995年，广州市第六中学将纪念碑重新迁回学校，修建了基座、顶盖和护壁，立于学校奠基石之东侧。

---

① 广州市文物普查汇编编纂委员会、海珠区文物普查汇编编纂委员会编：《广州市文物普查汇编（海珠区卷）》，广州出版社2008年，第58页。

五、双清楼

位于广州市海珠区同福西路龙溪新街42号，至今仍依稀可见木趟栊门、青石板街的旧貌与历史痕迹。双清楼是一座三开间旧式民房，有一间60多平方米的天井，共占地约480平方米，建筑面积700平方米。建筑面阔三

双清楼

间14米，进深三间18.6米。内部结构多有改动。1897年10月底，廖仲恺与何香凝结婚后，迁入该址居住，先住在楼下神厅后面的房子，后搬到天台自搭的阁楼。他们白天一起研讨诗文、谈论时事，晚上赏月，特别是皓月当空时，一片清辉洒进斗室，很有人月双清之意。有一次，恰逢中秋，何香凝触景生情，写下了"愿年年此夜，人月双清"的诗句，并把他们的爱巢命名为"双清楼"。后来，何香凝绘画时以"双清楼主"自署，廖仲恺亦自题诗词集为"双清词草"，"双清"也成了廖仲恺、何香凝的代称和他们高尚情操的写照。1982年8月，广州市文物管理委员会于正门墙壁标记，上书"双清楼，1897—1902年廖仲恺何香凝夫妇故居"。双清楼是典型的河南大屋，具有一定的革命历史研究价值和文物建筑价值。2002年9月，公布为广州市登记保护文物单位。

六、汉园

位于广州市海珠区江湾路基立北街1号，为西式园林住宅，是美国归侨刘仲平于1917年所建。汉园主刘仲平（1871—1936）为旅美华侨，曾加入同盟会，在美出资支持孙中山革命运动。民国成立初，即携家眷回广州定居，建汉园，国民政府军政要员常到访。1923年夏，孙中山与宋庆龄、宋子文等到汉园探望刘仲平，并参观了基立村，报纸报道《孙大元帅不忘故旧》；廖仲恺、廖承志等曾到访合照，李烈钧（民初护国军第二军司令）题写"汉园"匾额。汉园坐北朝南，原为4幢楼房，现仅存1幢三层楼房。周围花园，以围墙相隔，围着4栋红墙绿瓦的西式楼房及花园，建筑融中西风格于一炉，环境优美。占地面积1600平方米，现存建筑面积400平方米，砖、木、石结构，红砖砌筑，平顶。汉园原有4栋楼，汉园后人继承后，一分为二，一些重建改为商铺，还有一栋未拆，但已无原貌。

七、李少石故居

位于广州市海珠区南华西街龙光里2-10号，这里是廖仲恺与李少石（廖梦醒之夫）在广州的居所。李少石母亲刘婉琴在新中国成立前后一直居住在此。廖梦醒是中共党员、著名社会活动家、宋庆龄秘书和挚友，廖承志的胞姐。李少石也是中共党员，1945年代表周恩来护送柳亚子先生返回住地后，不幸中弹牺牲，时年仅39岁。他们一家与海珠区的革命历史渊源颇为深厚。刘婉琴老人去世后，廖梦醒的女儿李湄将此祖居捐赠给海珠区民政局。

八、冯肇宪故居

位于广州市海珠区黄埔村来燕里6号。两层，青砖、木结构。坐东南朝西北，面阔10.8米，进深7.8米，高7.1米。硬山顶，辘筒瓦面，青砖红砂岩石脚墙，山墙灰塑。门廊硬山顶，花岗石门楣，杉木对开大门，木雕石榴图案脚门。天井花岗岩条石铺地，设直径0.58米水井。屋内大阶砖对缝斜铺地。该建筑土改时拆成三间分给村民。冯肇宪（1895—1922），海珠黄埔村人，1922年初被委任为永丰舰舰长。同年6月陈炯明叛乱期

冯肇宪故居

间，孙中山避难永丰舰。同年8月9日，冯奉孙中山指示回广州担任广东海军司令。1922年在广州逝世，年仅27岁。孙中山亲笔题"劳苦功高"四个大字，派人到广州主祭。2002年7月，黄埔村被定为广州市文物保护单位。

九、同盟会广东分会旧址

位于广州市海珠区南华西路鳌洲内街13号。清光绪三十二年（1906年），同盟会广东分会在此办公，会长高剑父、副会长潘达微为开展同盟会秘密活动，以开设阿钜裱画店为名，在二楼设通讯社，取名"守真阁"作掩护。此为近代广州地区有政党进行革命活动的开始。现旧址属居民私房。

十、海珠桥

横跨珠江两岸，南接海珠区，北接越秀区，是广州桥梁建筑史从木、石、水泥进至钢铁阶段的里程碑。始建于1929年12月，由上海美商慎昌洋行承包，转给广州的马克敦公司建造，造价白银103.3万两。是三孔钢桁架桥，桥中孔原为两扇开合式活动桥，电动开关，每次需时5分钟。1933年2月建成通车，成为广州珠江第一桥。桥名匾"海珠桥"三字为国民党元老胡汉民题。

1949年10月14日广州解放前夕，海珠桥被国民党军队炸毁，1950年10月修复通车。1974年，为适应交通发展需要，在桥的两侧各扩宽8米，作为非机动车道。扩宽后的海珠桥，桥长为183米（跨河部分）；正桥有效总宽为33米，其中机动车道11米，非机动车道16米，人行道6米，南北引道宽28米，中孔净高8.6米。

陈复在白色恐怖下坚持斗争

　　陈复（1907—1932）又名志复，番禺县明经乡人。其父陈树人是岭南画派奠基人之一，又是著名的民主主义革命者，国民党元老，曾追随孙中山从事民主革命，积极拥护孙中山倡导的"联俄、联共、扶助农工"三大政策。母亲居若文，知书识礼，思想开明，同宋庆龄、何香凝等革命家时有往来。陈复出生于这样的家庭，从小就受到民主革命思想的熏陶，立志于救国救民，他的名字叫志复，就有"以复兴中华为己任"的深刻含义。①

　　陈复幼年随父母迁居广州，五岁开始在海珠区南武小学读书。1915年，随父母东渡日本，当时年仅八岁就远离家庭，开始受到独立生活的锻炼。1919年，陈树人夫妇去加拿大，陈复回国，在广州南武中学就读。少年时代的陈复，意志坚强，勤奋好学，天资聪颖。从外表上看，他沉默寡言，手不释卷，类似"书痴"，内心里却燃烧着一团热爱祖国、热爱人民的熊熊烈火。

　　1922年，陈复就读于上海复旦中学。陈复在沪求学期间，研读了大量马列主义著作，接受无产阶级先进思想的教育，对革命有了认识。他一边读书，一边参加革命实践。1923年，陈复在上海投身于工人运动。为了深入到群众中去，他脱下了学生装，换上了黄包车工人的衣服，以拉车子作掩护，不怕任何艰难、困

　　① 中共广州市委党史研究室，广州市民政局编：《广州英烈传》，广东人民出版社1991年，第409页。

141

苦和危险，在群众中散发革命传单，宣传革命道理。这个时期，陈复经常与在广东革命政府工作的父亲通信。信中评论时局，洋洋数千言，其才华及精辟的见解，使父亲十分惊讶。陈树人常常把儿子来信拿给革命政府中的同事传，大家都很佩服。故在后来《哭子复》诗中有"至理名言惊老辈，一时传诵到中枢"之句。

1925年，广东革命政府接受苏联的倡议，选送一批青年到莫斯科中山大学学习深造。陈复等被孙中山先生选送赴苏联求学，在此期间加入了中国共产党。1929年毕业归国后，陈复被分配到中共广东省委领导的香港工人日报社担任副社长。当时革命斗争环境很艰苦，报社经费严重不足。对此，陈复一方面以巨大的政治热情经常鼓励同志们站稳革命立场，提高斗争警惕性；另一方面动员大家勤俭节约，同心协力度过难关。他还设法与家庭秘密联系，取得经济上的支持。在大家的共同努力下，《工人日报》终于能在困境中坚持办下去，成为中共团结教育群众，进行革命斗争的有力武器。

1930年春，陈复化名陈志文，调至天津任中共顺直省委宣传部部长，开展党的宣传工作，同聂荣臻同志一道工作。母亲居若文出于对儿子的关心，劝他不要干冒险的工作。陈复耐心地开导母亲，并坚决表示："为了工农劳苦大众的翻身解放，即使丢了脑袋也心甘情愿。"在白色恐怖笼罩的日子里，陈复印发报刊，传递进步书籍，把马列主义思想传播到工农和知识分子中去。不久，他的行踪为敌人发觉，被捕入狱。在狱中，陈复被敌人多次施行"插指甲"的酷刑，但他以共产党人威武不能屈的坚强意志与敌人斗争，尽管十只手指血迹斑斑，疼痛钻心，但始终不吐露党的半点机密，使敌人无计可施。其后，经过党组织和家人多方设法营救，陈复于1930年秋被释放。出狱后，党派他南返广州，任中共广州市委宣传部部长。

　　回到广州，陈复隐居在其父在广州的私宅——樗园。他"莳花艺果，闭门读书"，以陈家的"表少爷"身份作掩护，暗地里却积极开展地下党的宣传工作。一次偶然的机会，陈复遇到了身为国民党领导人之一的胡汉民的女儿，行踪即被反动当局觉察，因而受到秘密监视。

　　1932年8月10日，陈复不幸再次被捕，当晚被国民党反动派秘密杀害于南石头"惩戒场"，年仅25岁。

附录四 红色诗歌

陈复烈士挽诗

蔡元培

门绪承通德，才名擅特殊。

少年有芒角，世路尚崎岖。

抚卷惟增感，斯人忽已徂。

平生真勇在，应不惜糜躯！

悼念陈复烈士

陈秋雨

菲菲郁郁杜鹃红，花是英魂血染浓。

脱去貂裘擎战笔，装成莽汉蹈刀丛。

头颅掷地惊狼虎，节气冲天化雨虹。

珠水长流遗恨远，升平修墓泪千重。

谒陈复烈士墓

关振东

游学归来明至理，国人交誉圣人子。

电光一闪划中宵，革命精神永不死！

三公子歌

柳亚子

中华民族三公子，羁囚我识何柳华。
脱靰西北事长征，归来将母新婚遐。
雏凤声清轶老凤，奇才跨灶言非夸。
誓以精诚巩团结，同心戮力摧胡笳。
海外扶余奈蹉跌，退避粤赣传槛车。
越王勾践困石室，卧薪尝胆志愿奢。
明德之裔百世宥，终期事业煊云霞。
邵平陈涉两不幸，有才无命堪咨嗟。
青门断脰醢西土，元龙溅血羊城沙。
呜呼二子死太早，鸾俎鹓醢喧群鸦。
神州抗建需英俊，谁令兰玉摧萌芽！
名父征诗作纪念，吾宗橐笔才茹菇。
作歌吾岂为私契，怀贤悼逝天一涯。
琳琅满卷恣痛哭，高歌屈宋酬楚些。

为陈复烈士墓亭重修题

刘逸生

革命家庭弱冠年，铁为肝胆笔如椽。
舍身虎穴宣新义，思复长留碧血篇。

吊陈复烈士墓

张 汶

舍生取义甦民困，故土长眠志尚豪。
肃立坟前今吊挽，心存典范慕风高。

无 题

李少石①

何须良史判贤愚，正色宁容紫夺朱。

半壁河山存浩气，千年邦国树宏模。

风云敌后新民主，肝胆人前大丈夫。

莫讶头颅轻一掷，解悬拯溺是吾徒。

寄 母

李少石

赴义焉能计养亲，时危难作两全身。

望将今日思儿泪，留哭明朝无国人。

寄 内

李少石

一朝分袂两相思，何日归来不可期。

岂待途穷方有泪，也惊时乱忍无辞。

生当忧患原应尔，死得成仁未足悲。

---

① 李少石，原名国俊，广东新会县潮莲乡（今属江门市郊区）人。1906年出生于香港，后随家人迁居广州，入读岭南大学。1924年加入中国共产主义青年团，次年加入中国共产党，后在广州海员工会工作。1927年，大革命失败后，奉调先后在上海、香港工作。1930年，受中共中央派遣，在香港组建起秘密的交通联络站，担负起上海的党中央与江西中央苏区联系的重任。在此期间，与廖梦醒结为夫妇。1934年在上海遭反动当局逮捕后，经周恩来营救得以出狱。1944年，国共合作抗战期间，奉调到重庆，公开身份是《新华日报》记者兼编辑，实际任八路军驻渝办事处秘书，协助周恩来开展革命工作。1945年10月8日，遇国民党军一士兵开枪射击，不幸中弹身亡，时年39岁。

南石头监狱牺牲的部分革命烈士简介

一、萧楚女（1891—1927）

原名萧秋，字树烈，笔名肖楚女等，湖北汉阳（今武汉市）人。2009年被中央组织部、中央宣传部评选为"100位为新中国成立作出突出贡献的英雄模范人物"之一。

少年时自学成才，辛亥革命中参加起义，作战勇敢，因协助炮兵开炮，震聋了一只耳朵。1915年，他担任《大汉报》编辑和《崇德报》主笔。1922年夏，由恽代英、林育南介绍加入了中国共产党，同年11月创办重庆公学。之后，到四川任教并开展革命活动。1924年初，返襄阳师范任教。不久往上海，协助恽代英编辑《新青年》，并为进步刊物撰稿，他的文章，笔锋犀利，战斗性很强，不是"指责土酋军阀"，就是"痛骂贪官污吏"，连反动派所控制的报刊也不得不赞叹他的文章是"字夹风雷，声成金石"。同年8月，受党的委派再次入川，任中共中央驻四川特派员，领导成都、泸州、重庆三地的党团组织。1925年五卅运动爆发，萧楚女到上海，6月，以全国学联代表身份到南京指导工作，任《人权日报》主笔。同年，萧楚女先后主编《中国青年》《中州评论》。1926年1月，萧楚女来到大革命的中心广州，在国民党中央宣传部工作，任干事兼阅览室主任，协助毛泽东编辑《政治周报》。在广州期间，他经常到中山大学、青年训育养成所、劳动学院、政治讲习班等讲课。后来，被聘为全国农民运动委员会委员，任第六届农民运动讲习所专职教员。他遵照所长毛泽东制定的教学计划，与周恩来、彭湃、恽代英等教员互相配合，出色完成教学任务。他负责主讲"帝国主义""中国民族运动史"和"社会问题与社会主义"等课程，还经常指导学员讨论，阅读与解答学员提出的问题。农讲所结束后，萧楚女到黄埔军校任政治教官，兼军校特别党部宣传委员会的政治顾问，参加指导全校的政治工作，宣传马列主义。1927年广州发生"四一五"反革命政变，在医院治病的萧楚女为反动派搜捕，被关押在南石头监狱。在狱中坚贞不屈，最后英勇牺牲。著有《国民革命与中国共产党》《显微镜下之醒狮派》等。

二、熊雄（1892—1927）

江西宜丰人，无产阶级革命家，中共最早从事革命军队政治工作的杰出领导人。1984年，聂荣臻元帅亲自写下"熊雄烈士永远活在我们心中"的条幅，以缅怀其辉同日月的生平。

熊雄青年时代赴法、德勤工俭学，1922年加入旅欧中国少年共产党，不久转为中共党员。1923年到苏联莫斯科东方劳动者共产主义大学中国班学习，并到苏联红军中学习军队的政治工作。1925年9月回国，分配到黄埔军校任政治大队副队长，后参加第二次东征，任东征军指导部政治部秘书长，协助政治部主任周恩来工作。1926年1月，熊雄调任黄埔军校政治部副主任，主持政治部工作（后任主任），同时参加了中共广东区委军委，是中国共产党在军校的主要负责人。在黄埔军校期间，熊雄制订、建立和健全了一系列政治工作制度，并亲自讲授"军校中的政治工作"等课程。在教学中，他采取多种生动活泼的教学方法，以提高教学质量。熊雄还聘请恽代英、萧楚女、高语罕等共产党人为政治教官，邀请毛泽东、周恩来、刘少奇等到军校作政治讲演。熊雄在军校工作中，坚决贯彻党的主张和路线，认真执行军校的办校方针，勤勤恳恳、踏踏实实地工作，为培养既能指挥作战，又会做政治工作的军事政治干部，支援北伐战争，巩固广东后方，作出了重要贡献。1927年4月15日他在广州反革命政变中被捕，就义前经常找人交谈，要求难友们组织起来坚持斗争，为成立中共南石头监狱特别支部打下基础，5月中旬被秘密杀害。"人世斗争几日平，漫漫也应到黎明，听潮夜半黄埔客，充耳哭声和笑声"，这是熊雄烈士生前录赠给黄埔第四期学员的一首短诗，诗中那种以天下兴亡和百姓疾苦为己任的博大胸怀和共产主义远大理想必将胜利的坚定信念，一直都激励着他的学生和后人。

三、邓培（1883—1927）

广东三水人，中共早期党员，中国工人阶级的杰出代表，早期工人运动的领袖和著名活动家。他的一生，为中国的革命事业，特别是早期的铁路工人运动作出了重要贡献。

1919年五四运动爆发后，他就积极开展工人运动，组织成立社会主义青年团，成立了中共唐山制造厂支部，任书记。1922年1月出席在苏联莫斯科召开的远东各国共产党及民族革命团体第一次代表大会，作为中国工人代表受到列宁的接见。1922年，先后发动唐山制造厂3000余工人大罢工、唐山启新洋灰厂7000余工人大罢工和开滦五矿3万余工人总同盟大罢工，掀起唐山工人运动的高潮。他不仅是唐山地区中共组织的创建人，而且成为北方著名的工人运动领袖。1923年，被选为京奉铁路总工会委员长。二七惨案后，积极发动唐山工人声援、募捐支持京汉铁路工人斗争。6月赴广州出席中共三大，被选为中央候补执行委员。会后

回唐山继续领导工人运动，并筹建全国铁路总工会。1924年2月
在北京参与领导召开全国铁路工人代表大会，正式成立中华全国
铁路总工会，被选为委员长。1925年1月在中共四大上，继续被
选为中央候补执行委员，任中共中央驻唐山特派代表兼中共唐
山地委书记。5月赴广州出席第二次全国劳动大会，被选为中华
全国总工会执行委员。五卅惨案发生后，他回唐山领导各界民众
两万余人集会，声讨帝国主义的罪行，举行罢工罢课罢市斗争。
同年底被调到北京，专做全国铁路总工会工作。1926年2月在天
津主持召开全国铁路工人第三次代表大会，继续被选为铁路总工
会执行委员。不久作为全国铁路总工会总代表兼驻广东办事处主
任，到广州工作。5月出席第三次全国劳动大会，再次被选为中
华全国总工会执行委员。他领导广东铁路工人积极支援省港大罢
工和北伐战争，并被选为广东省总工会委员长。1927年2月到汉
口参与主持召开全国铁路工人第四次代表大会，任主席团委员。
1927年4月，在广州"四一五"反革命政变中，被新军阀逮捕，
在狱中遭到严刑拷打，坚贞不屈。6月22日，在广州从容就义。

四、刘尔崧（1899—1927）

广东紫金人，广东早期工人运动的领袖，广东青年革命运动
的先锋。

他在校期间经常阅读进步书刊，积极组织学生运动，是广东
青年革命的先驱。1920年下半年，积极筹备并建立广东地区社会
主义青年团，成为广东地区社会主义青年团的创始者和领导人。
1921年春，加入广东共产党小组，成为中国共产党最早的党员之
一。1923年4月，参与发动和领导顺德大良镇30多间茶楼酒店400
多名工人罢工。同年秋，回到广州继续从事工人运动，并作为广
东代表出席中国共产党在广州召开的第三次全国代表大会。1924

年1月，国民党第一次全国代表大会在广州召开时，被任命为干事。同年五一国际劳动节，以国民党工人部的名义，主持召开广州工人代表大会，正式成立了广州工会统一组织——广州工人代表会，被选为执行委员会主席。7月15日，受党的指示，发动沙面3000多工人举行罢工斗争。8月，被选为中共两广区委委员、执行委员、工委书记，兼任社会主义青年团广东区委执行委员、书记等职。10月，亲自率领广州工团军平定了商团叛乱。1925年5月1日，出席了在广州举行的第二次全国劳动大会。上海五卅惨案发生后，参与发动广州沙面、东山洋务工人罢工，并被推举为罢工委员会顾问。国民党广东省党部改组，被选为执行委员、工人部部长。1926年4月，根据党的指示，以国民党广东省党部工人部名义，在广州举行了工人代表大会，被大会选举为广州工人代表大会执行委员会主席。1927年"四一五"反革命政变中被捕牺牲。

五、李启汉（1898—1927）

原名李森，湖南江华人，中国共产党早期工人运动领导人之一。

1920年四五月之际，在邓中夏的动员下，李启汉来到上海。8月，上海社会主义青年团成立，李启汉成为最早一批团员，不久参加中国共产党发起组，还参加外国语学社学习，和俞秀松等组建全国性的社会主义青年团。1920年秋，在沪创办劳动补习学校，筹组纺织工会，1921年7月，参与领导上海英美烟厂工人大罢工，罢工取得胜利，成立上海烟草工会。8月，参加创办上海第一工人补习学校，培养工人运动骨干。8月11日，中国劳动组合书记部成立，任干事，兼《劳动周报》编辑。1922年1月，参与发起成立香港海员罢工后援会，支援香港海员大罢工。1925年

5月，李启汉赴广州参与第二次全国劳动大会的筹备工作，为大会主席团成员，当选为中华全国总工会执行委员兼组织部部长。6月，省港大罢工爆发，李启汉参与领导，任罢工委员会干事局局长、党团副书记。1926年5月，在广州参加第三次全国劳动大会，会上，当选为执行委员兼组织部部长。1927年2月，任中华全国总工会广州办事处主任、中共省港罢工委员会书记。4月15日遭捕，不幸牺牲。

六、何耀全（1897—1927）

福建永定人，中国早期工人运动的领导之一，省港大罢工著名领导人，是香港工人运动领袖，为华南工人运动的发展作出过重要贡献。

他出身贫苦，婚后在香港做工。1921年，在苏兆征、林伟民成立中华海员工业联合总会的影响推动下，他和锁春城等发动本行业职工，建立香港电车工业竞进会，并当选为委员。随后从工人代表成长为香港工运领导人。在省港大罢工中，中华全国总工会省港罢工委员会成立，何耀全被选为该会副委员长，协助苏兆征委员长带领工人坚持罢工斗争。经过革命斗争考验，何耀全的思想觉悟提高了。同年夏，经苏兆征介绍，他光荣地加入了中国共产党，稍后担任中共省港罢工委员会党团成员。1927年4月22日，何耀全等被囚在南石头监狱，不久便被国民党反动派残酷杀害，沉尸珠江。

七、毕磊（1902—1927）

湖南澧县人。1925年底加入中国共产党，并任中共广东区委学生运动委员会副书记，参加领导广东地区青年学生运动。曾主编《广州评论》旬刊。他曾代表中共与来广州任教的鲁迅进行联系，在他的积极工作下，让鲁迅从一个革命的民主主义者迅速地转变成为一个坚定的共产主义者。1927年4月14日被捕，4月23日凌晨与萧楚女等人共同就义。

八、熊锐（1894—1927）

广东梅县人。早年在梅县桂里小学教书和汕头《大风日报》当编辑，后赴日、德留学。1922年6月，先后加入旅欧的中国少年共产党和中国共产党，曾在中共旅欧支部工作。1923年1月至1924年1月，任中国国民党旅欧执行部和巴黎通讯处政治委员。1925年获得博士学位后，偕德籍妻子奉命回国。1926年上半年，应聘担任广州政治讲习班教授，同时在广东大学专修学院和广大附中任教。同年9月被聘为妇女运动讲习所教授。1927年初，在黄埔军校入伍生部的政治部和第三军的军官学校工作。广州"四一五"反革命政变时，被国民党反动派逮捕，4月22日在广州惨遭杀害。

九、邹师贞（1901—1927）

广东大埔人。1922年春，加入社会主义青年团。1923年冬，以个人身份加入国民党。1924年，考入广东大学理工学院。同年，加入中国共产党。在从事学运、工运中，历任社会主义青年团广州地委候补委员、执行委员，国民党广州市第七区党部和第三区分部秘书，共青团广东区委候补委员，中共广东区委和油业工会秘书。1927年6月间，在广州西关李家园被捕牺牲。

十、谭毅夫（1904—1928）

广东高明人。为了追求真理，他到广州读书。在谭平山等人的影响下，谭毅夫阅读了不少进步书刊，思想进步很快。1924

年，国共合作后，谭毅夫遵照党的指示，以个人身份加入国民党，帮助国民党改组，积极投身国民革命。同年底，谭毅夫从团员转为中共党员，参与工人运动。1925年初，到均和安、协同和等机器厂以及铜铁工人聚居的光复路和打铜街一带开展工作，并带领机器厂青工学徒开展改善待遇、减少工时的斗争。1927年广州"四一五"反革命政变时，他不幸被捕。1928年2月12日，英勇地献出了宝贵的生命。

十一、彭粤生（1899—1928）

广东番禺人。1919年5月，在广州、香港积极投身五四爱国反帝运动。1922年3月，加入社会主义青年团。1924年转为中共党员。先后担任社会主义青年团香港特支第四组组长、青年团香港地方执委委员兼秘书、青年团广东区委候补委员兼工农部部长助理、青年团香港地委书记，中华全国总工会省港罢工委员会临时宣传学校教务主任等职。1925年，紧密配合邓中夏、杨匏安等深入香港汉文师范等十多所学校和各工厂、船坞，发动学生罢课、工人罢工，声援上海五卅惨案受害工人的反帝斗争。不久，回到广州主办省港罢工委员会临时宣传学校，为我党培养一批革命干部。协助邓中夏等做省港罢工委员会纠察队政治教育工作。1926年4月12日，在《工人之路》刊物上发表《统一香港工会》一文，号召各工会迅速联合起来，推动香港总工会的组建。1926年10月，为北伐军、缉私队和农民自卫军培养和输送了一批骨干力量。1927年4月，被反动军警逮捕。在狱中，团结难友开展斗争。1928年2月12日，与谭毅夫等15名共产党员一起被杀害。

十二、周其柏（1903—1928）

广东广宁人。他是大革命时期广东农运领袖周其鉴的亲弟弟，后来结识了彭湃、阮啸仙、黄学增等人，在西江地区开展农民运动。他在云浮县开展农民运动取得显著成绩，受到广东省第二次农民代表大会的表扬。1927年4月大革命失败后，任重建后的中共西江地委（后为特委）委员，协助地委书记黄学增组织肇庆起义。1928年5月在战斗中中埋伏被捕，在南石头狱中宁死不屈，英勇就义。

十三、敖昌骙（1902—1928）

广东阳江人，中共阳江地方组织第一任书记。1925年加入中国共产党，曾任中共南路特委委员和中共阳江县党支部书记等职，积极组织开展工农运动。被捕入狱后，利用一切机会把从阳江转押来的党员组织起来，并参加了狱中地下党支部发起的绝食斗争。1928年壮烈牺牲于广州南石头监狱。

附录六 重大革命事件纪述文章

重温海珠地区党史第一章
——庆祝中国共产党成立95周年
罗国雄

一

1921年7月中国共产党成立的时候，由孙中山先生倡导的辛亥革命和创立的中华民国，已经历了十个年头。这十年，虽然推翻了腐朽没落的清王朝，继而又挫败了袁世凯的皇帝梦以及张勋导演复辟清帝的丑剧；但是都未能根除半封建、半殖民地的专制制度，故只有民国之名，而无民国之实。

其时，民国政府分裂为南北两极。北洋政府甚至不惜牺牲国家民族的根本利益，与列强相勾结，以期消灭南方政府。而南方军政府的各地军阀，则口头拥护共和，实际又都拥兵占地为王，既各自为政，又与北方军阀暗通款曲，抵制和破坏孙中山组织北伐的种种举措。

而西方列强早年在华攫得的种种特权和按不平等条约所取的既得利益，不仅丝毫无损，而且在中国的使团还不断窥测方向，对不同的军阀派系从中煽风点火，挑拨离间，支持和配合北洋政府对革命的对抗。特别是东邻日本，更趁世界大战、西方国家无暇东顾之机，加紧觊觎中国，以亡华之心，待机而动。

已退位的逊清皇帝及皇室成员、侍从，则仍然受着君主的礼遇，由国民政府每年提供四百万经费，让其留在紫禁城养尊处优，接受旧臣、遗老的朝拜。

在国人中间，无疑由少数新旧权贵、富室巨贾可以丰衣足食，甚或过着笙歌夜夜、灯红酒绿的醉生梦死生活；但绝大多数劳苦大众、升斗市民则处在饥寒交迫、朝不保夕之中挣扎求存。以至无产阶级和剥削阶级（特别是列强在华企业劳资双方）的阶级矛盾，不断加剧。由各种原因引起的工人罢工斗争，此起彼伏，成为普通的风潮。而流离失所更是比比皆是。

凡此种种，可见一斑。正如孙中山在中国共产党成立之后不久（同年9月3日）一次北伐动员时所说："辛亥革命胜利，中华民国成立已经十年，可是革命仍然处于徘徊之中，军阀仍然统治着中国的大片土地，中国仍然是贫穷，经济仍然落后，资源得不到开采，交通仍然闭塞，外面的信息传不进来，人民仍然处在愚昧落后之中。"这就是中国共产党成立时的基本国情和面对的国内形势。

二

俄国"十月革命一声炮响，给我们送来了马克思列宁主义"，继后中国共产党的诞生，更使越来越多的革命党人和知识分子，逐步懂得要用无产阶级的宇宙观作为观察国家命运的工具。而中国共产党是无产阶级的政党、工人阶级的先锋队，所以党中央从成立始，就首先积极于提高阶级本队的组织和觉悟程度，使之从一个自在的阶级上升为自为的阶级。

无疑，当时中国的工人队伍（尤其是产业工人）数量尚少。在辛亥革命前，全国著名的近代企业仅得湖南汉冶萍公司、山东中兴煤矿公司、汉口扬子机器公司、上海南洋兄弟烟草公司、广州士敏土厂、招商局轮船公司（船只约五万吨）和各地自资兴建的铁路（不足八百英里）、纺纱厂（纱锭约54万）、面粉厂、银行等，可谓寥寥可数。再加上列强在中国开设的轮船公司（船只十六万吨以上）、兴建和贷款兴建的铁路（合约五千英里）、外资银行等，亦只此而已。稍后，在第一次世界大战期间，国人普遍不满日本军国主义和卖国军阀相勾结的行为，提出"振兴国货，挽回利权"投资实业有所增加，但亦居多为纺纱（1921年增至160万锭）、丝厂、面粉厂等轻工业。而从整个工人队伍而言，主要都是手工业和苦力。也没有现代的工会组织，只有行会、邦会或秘密结社。

同时，先是1918年列强在战后于巴黎召开的"和会"作胜利分赃，重新瓜分世界市场。事前日本乘机攻陷青岛，故要求继承原来德国在山东的权利，引起国人的激愤。北京学生乃发起五四运动反对，却遭到北京政府的镇压，即时逮捕上千人，更引至上海及全国各地的商人罢市、学生罢课、工人罢工。这自然又触及到列强在华企业的利益，使日本的诡计未能得逞，也使工人群众认识到罢工的力量，以至往后以各种理由而罢工的事件不断发生。仅在中国共产党成立前一年左右，较大的工人罢工，就有：1920年香港机器工人、上海杨树浦日商纱厂工人大罢工，1921年汉口租界人力车夫、广州机匠工人大罢工等多起。

中国共产党一成立，鉴于当时的形势和肩负的使命，首先组织起领导工人运动的总机关：中国劳动组合书记部。并决定于1922年5月1—6日在广州市召开第一次全国劳动大会。

大会选定在今海珠区滨江西路230号原机器工会召开。与会173人、代表110余个工会34万有组织的工人参加。大会以纪念五一劳动节、融合并联络全国劳动界之感情、讨论改良生活的问题、讨论各代表提案为议程。但据现存的史料显示：大会代表也比较复杂：有共产党人、国民党人，也有无政府主义者和劳资混合的行会代表，所以在会议的讨论中，也曾发生激烈的斗争，彼此排挤和争夺领导权极为尖锐。经中国劳动组合书记部邓中夏等同志的耐心说服，坚持以工人阶级的共同利益为重，彼此互谅互让，终于达成多项决议。其中，最为重要者是："在全国总工会成立以前，以中国劳动组合书记部为全国总通讯机关"的决定。这就明确认定：中国共产党对中国工人运动的领导地位。同时通过"按产业原则（不是职业原则）组织工会"，也是使中国工人运动走向现代的全国团结之路。

这次大会是中国共产党成立后取得的第一个胜利！无疑，这也是海珠地区中共党史第一章的开篇。

三

在第一次全国劳动大会召开之际，正值孙中山第二次南下护法担任中华民国非常大总统一周年。当时孙氏正组织力量和争取陈炯明配合重新北伐。但陈炯明早与北方吴佩孚勾结，故对北伐先是拖延，继而抗拒，最终以炮轰总统府而叛变。孙氏冒险逃脱到永丰舰指挥战斗（后永丰舰改名：中山舰）。同年7月，中国共产党又召开了第二次全国代表大会，作出《关于民主联合战线的决议案》，提议和国民党以及其他一切革命团体团结起来建立联合的民主主义革命阵线，对帝国主义、反动军阀进行斗争。8月，再次举行特别会议研究了具体落实的部署。

稍后，孙中山经香港再到上海，揭发陈炯明的罪行及指挥平乱。中共即派出李大钊、林祖涵（伯渠）与孙中山联系，表明中共愿意与孙合作；并诚恳地指出："国民党在辛亥革命时，无疑是蓬勃向上，也因此在辛亥革命后混进了大批官僚和政客，其中不少只是为了当官发财，带来了整个队伍质的变化。加之组织纪律开始涣散以至不可收拾。原来的一些元老也认为革命已经成功而渐失革命的精神，也有些人随着野心膨胀而走上背叛的道路。

故这个队伍只有增添新鲜的血液，才能肩负起完成革命的神圣使命。"其时，朱德亦从云南来上海寻找与中共联系，顺道也拜会了孙中山，彼此交谈中，朱德对孙中山说："利用这个军阀打击另一个军阀的做法，有时也会暂时成功，但终归总是失败，革命派的失败都让军阀们获得胜利。因此他们的本质是靠不住的。"而这些言论，可谓一言中的，使孙中山非常信服，赞成由中共派出一批党员加入国民党，帮助国民党进行改组，以便继续革命。

1923年在北伐军回师把陈炯明赶出广州之后，孙中山第三次在广州重建陆海军大本营，策划改组国民党和筹备再次北伐。同年6月12日，中共在广州市召开第三次全国代表大会，经讨论一致决定：共产党员以个人身份加入国民党，目的是：改组国民党为左翼政党；在共产党不公开活动的地方，扩大国民党；把优秀的国民党员吸收入共产党。

1924年1月20—30日，孙中山在中共的帮助下，以总理的身份召开并主持中国国民党第一次全国代表大会。大会经过辩论接受中共倡议的反帝、反封建政纲，并以大会《宣言》确定：联俄、联共、扶助工农的三大政策，赋予孙中山的三民主义新的解释，正式形成第一次国共合作的局面。

会后，孙中山决定筹建黄埔陆军军官学校，并任命蒋介石为军校校长。又由国共合办农民运动讲习所，先后在六月和七月开课。同年五一国际劳动节，中国劳动组合书记部又在广州召开第二次全国劳动大会，并与省农民代表大会同时一起开幕。大会产生了中华全国总工会；省内各地的农民协会亦纷纷成立。

稍后，广州市发生商团煽动罢市事件。事因汇丰银行买办、广州商团团长陈伯廉，受港英政府和陈炯明的操纵，私建商团军，并从香港用挪威商船偷运枪械9000支、子弹300万发进广州，企图颠覆广州政府，孙中山下令扣留全部封存于黄埔军校。

陈又煽动罢市，并于群众庆祝双十节时开枪打死20多人、伤数十人，英国亦派出9艘军舰进入白鹅潭助威。广州政府随即宣布戒严，在韶关的北伐军连夜南下，会同黄埔军校的学生，分兵出击，迅即平乱。故史称：当时是孙中山革命生涯的顶峰。

也正在广州平定商团叛乱的同时，北洋军阀也经历一再内讧。10月25日由冯玉祥发动政变成功，囚禁了通过贿选而当选总统的曹锟，段祺瑞再度出山当政，并电邀孙中山上京共商国事。孙中山经香港、上海，再绕道日本转达天津。不幸于途中染病，并发表："非争地位权利，乃为救国！"的《入京宣言》而扶病入京，继于1925年3月12日在北京逝世。

孙中山逝世后，使国民党失去最重要的党内领导核心。继后于同年8月10日孙中山的得力助手廖仲恺又被右翼势力刺杀。接着11月23日国民党右翼的林森、邹鲁、谢持等部分中央委员，在北京西山碧云寺孙中山灵前召开会议（冒称一届四中全会）公开反对孙中山的联俄、联共、扶助工农政策。（史称：西山会议），以至国民党一度出现以汪精卫为首的武汉中央、以蒋介石为首的南京中央、以山西会议派为首的上海中央，在高层掀起此起彼伏的权力斗争。

早在5月15日，上海日商纱厂发生枪杀工人顾正红事件，21、22日上海大学生参加追悼会途中，又被租界巡捕两次逮捕多人，更引起各界人士的义愤，学生到处宣传表示抗议，又酿成30日被杀死13人、重伤数十人，是谓"五卅屠杀惨案"。立即导致全国各地罢工罢市罢课。香港工人亦积极响应，纷纷回到广州。6月23日与广州的工人、郊区农民、青年军人计十万人举行大示威。当游行路过沙面对岸的沙基（今六二三路）时，英法帝国主义分子命令水兵巡捕用机枪扫射，当场被击毙52人、重伤170多人，把上海的屠杀在广州重演（史称：沙基惨案），即引发了省港工人大罢工。斗争一直延续到1926年10月。

当时，由于斗争异常激烈，工人和农民又十分团结应对。始初，蒋介石仍以左的面目出现，对孙中山的联俄、联共政策大加赞赏，通电反对西山会议派。而西山会议派却暗中挑拨，用假命令骗得李芝龙把中山舰开到黄埔军校，以至蒋认为共产党谋反而保卫省港罢工委员会和俄顾问住宅，拘捕50余人。那时候他从北伐总司令再到集军事委员会主席、国民党主席于一身（汪精卫亦被排斥出国），从此开始了清党反共的转变，并与1927年4月12日大量捕杀中共党员和工农骨干分子（邓中夏即于此时血洒雨花台），而西山会议派亦转为与之合作。后蒋在4月18日在南京另组国民政府，胡汉民、吴稚晖、邓泽如等一众右翼，都入主中枢。同时还明确取消"打倒西山会议派"的口号，一切以对抗中共为目标。第一次国共合作从此决裂。

四

蒋介石叛变后在南京重建国民政府，表面上似乎国民党已经统一了全中国，但其实当时中国的内忧外患，比之孙中山在世时有过之而无不及（嗣后日本全面侵华、汪精卫投敌，即是明证）。当时国家的形势，正如毛泽东1927年在《菩萨蛮·登黄鹤楼》一词描述一样："茫茫九派流中国，沉沉一线穿南北。烟雨莽苍苍，龟蛇锁大江。"全国实情更加四分五裂，南北各地军阀和国民党的反动势力都暗中勾结在一起，由于牛鬼蛇神的统治，弄得到处乌烟瘴气。"黄鹤知何去，剩有游人处。把酒酹滔滔，心潮逐浪高。"然而，奋斗救中国的人，哪里去了呢？有的，这就是共产党人，看见这样的情景，革命的心情有如波涛一样澎湃呀！

本来在第一次全国劳动大会之后，广州河南（今海珠地区）的油业工人、机器工人、织布工人等都先后组织了工会，开展各种宣传和支援革命的活动。中共组织亦逐步发展了若干支部，中共党员在工人运动中成为重要的中坚。邓中夏的秘书李耀先亦经常下厂指导，以至工作有较快的发展。不料，广州在1927年4月15日，继蒋介石在上海四一二反革命政变之后，国民党的右翼亦趁势进行反革命大搜捕和大屠杀，连黄埔军校第六期师生及其他大学师生200多人，省港大罢工的领导人和工人骨干，通通投入南石头监狱（时称："惩戒场"）。在狱中，不少共产党人、革命志士，在穷凶极恶的敌人面前坚强不屈，表现出大无畏的革命英雄气概！他们自觉组织起来，进行绝食斗争，并采取读书和经济互助等多种形式，团结狱中的难友。部分中共党员，为了保护组织机密，顽强战斗，直到舍身捐躯，献出宝贵的生命。在张太雷、黄平、周文雍指挥的"广州公社"起义失败后，今海珠地区的党支部，亦逐渐陷于解体。

1928年春天，到处白色恐怖，环境十分险恶。中共广东省委先派隐蔽在市内坚持斗争的李耀先和郭芝等，秘密组成中共广州市河南区委，由李任书记，计划通过发动工人群众，组织秘密工会，逐步恢复党的工作。及夏，工作有了进展，而当时广州市委主要领导人相继被捕牺牲，省委决定由李耀先继任市委书记，兼顾河南工作。5月，被反动当局发现，李与河南区委七人同时被捕，后为叛徒出卖而就义。市委又派出廖伟民主持河南区委工作。6月廖与油业工人联系工作时亦被捕，河南区委再遭到第三次破坏，以至工作从此陷于停顿。在此前有海珠区黄埔村人冯广，父母早丧，随兄冯新在香港当学徒，在省港大罢工时回到广州，在斗争中得到锻炼入团再转为中共党员，一直参与党的宣传工作。"广州公社"起义时，曾参加观音山阻击战，掩护主力撤退。之后又辗转于外县。1928年被选为共青团中央候补委员，旋任团两广省委书记。1929年为被捕的不坚定分子供出而被捕就义。时年仅18岁。

1932年，国民党元老陈树人之子陈复，在孙中山在世时，曾与蒋介石之子蒋经国、廖仲恺之子廖承志，一同派往莫斯科留学并一起参加共产党（时人称：留苏三公子），回国后在天津与聂荣臻共事，后回到广州任市委宣传部部长。到任不久，即为反动当局强行绑架，随即押到"惩戒场"秘密杀害。可见当时斗争的残酷，而这五年也可谓是海珠地区党史第一章中最艰险的篇章。

五

自此之后，直到广州解放前，今海珠地区一直未能恢复中共的组织，自然也就没有有组织的正常活动。但由省、市委组织发生在今海珠区内的事情，则有若干，可以作为海珠地区党史第一章的结尾。由于这些情况，早前已有较详细的报道，仅略记如下：

1．在抗日战争开启了第二次国共合作后，至1941年始调回在香港隐居的萧泛波、黎秀琼夫妇，在河南厚德路64号以开设兆香杏仁饼店为掩护，作为地下通讯联络点。因当时是日军沦陷区，未能开展更多的活动。

2．1942年又派出卫国尧回到沥滘本乡开展游击活动。后在1944年在番禺植地庄战斗中牺牲，时年仅31岁。同时牺牲的还有本地区沥滘、小洲等村的简县成、卫耀富、卫雪卿（女）、陈佬、张莹、冯润雪、卫泰洵、伍湛彬等多人。

3．1949年广州解放前夕，由市地下工联、学联派出若干骨干到区内工厂、学校，发动群众护厂、护校，迎接广州解放工作，收到好的效果，为解放后迅速复工、复课奠定了基础，得到社会的各界人士的拥护。

纵观从中共从成立到广州解放的28年在今海珠地区的活动，联系辛亥革命后国情、中共与国民党在孙中山在世前后的变化情况等，笔者深切地感到：

1．历史的经验告诉我们：要把一个腐朽没落的封建王朝，匡正成为民富国强的民主国家，绝对不能采取改良换代的改良主义方法，必须以先进的阶级推翻没落阶级的革命手段，从根本制度上进行脱胎换骨的彻底改造。而这种革命自然会遭到统治阶级的顽抗，所以要赢得真正的胜利，最关键是要有一个刚强坚定、大公无私、组织慎密、纪律严明的党从中领航掌舵。孙中山长期处于困难之境地，而且一旦谢世即被其右翼所叛变，可谓极其深刻的教训。可见，作为领导革命的政党，"打铁还需自身硬"，对自身的成员，必须严加管治，使意志与行动上下一致。这段时期里，海珠地区为革命捐躯的李耀先、冯广、陈复、卫国尧等烈士，都因叛徒、汉奸和不坚定而变节者所出卖而牺牲。正如谚云："堡垒最容易从内部攻破"，亦是血的教训。时至今日，仍是经过实践检验的真理。

2．经验还告诉我们：处于革命领导地位的政党，要把革命进行到底，必须掌握属于自己过得硬的武装力量，坚持"党指挥枪"的根本原则。当年，孙中山由于"手无寸铁、脚无立锥"正是被骗、被排挤以至被背叛的主要原因。可见，以革命的武装对付反革命的武装，达至"枪杆子里出政权"，乃经过正反实践的经验总结。据目前的形势，我国正实行强军之策，从而紧跟世界新军事革命的脚步，原因也在于此。"落后是会挨打"者也！

3．作为参加革命队伍的成员，至关重要在于终身忠诚于革命事业，切实负起国家民族需要复兴所赋予的神圣使命。个人的能力有大小，都非为求"流芳百世"而来，但没有任何事业能比为国家民族的复兴更为荣耀。因此必须经常自律，随时警惕来自四面八方"糖衣炮弹"的袭击；利用革命的名义和工作、人际关系所处的地位、权力，谋取不应有的私利，到头来岂止个人身败名裂以至"遗臭万年"可以抵偿，而对革命事业的破坏，造成国家、人民无可挽回的损失，才是无法饶恕的罪孽所在。

铭此以为戒！

海珠区人民抗击日本侵略者的几则史料
谭乃忠

近日翻检旧书，在《瑶溪二十四景寻踪录》中，见有岭南大学教师黄锡凌作的序言。这篇作于广州沦陷前夕的序言，对河南（即海珠区）本地抗日宣传动员工作有所叙述。我想，这也算是一种史料。这个"序言"不长，抄录如下（原文为繁体字，并用句号一贯到底，我冒昧改成简体字，并加标点）：

瑶溪二十四景寻踪录序

瑶溪在番禺河南岛中，颇具溪山园林之胜，自刘彤子言品题以来，南国诗人唱咏不绝。岭南（大学）去瑶溪不过五里，东西相望，近若比邻。余在是间，荏苒十载，未尝一至其地，则孤陋寡闻之诮，又何讳焉。自去年（1937年）七月七日，卢沟事发，举国精诚一致咸具抗敌之决心，争取最后之胜利，而唤起民众尤为当务之急。爰是政府有组织各校战时员生乡村服务团之举。议出，岭南诸生争先效力，与吾一队，凡十七人，服务地点则瑶溪附近十余乡也。余之认识瑶溪自此始。

计服务以来，凡数阅月，时而优孟衣冠，时而唇焦舌敝，凡是以唤醒民众增强抗敌之决心者，无不竭诚以赴。每一集会，或三五百，或一二千，其表示爱国之热诚，可谓至刚至大矣。间尝与父老缙绅言谈，知其民风淳朴，毫无都市风尚，其生于斯食于斯者，咸怀爱土之心，则以其大好溪山，有令人流连爱慕不置者，苟暴敌贸然而来，吾知瑶溪市民，必誓死守土不去矣。然则子言之品题，盖有深意在乎其间。爱于服务之余重寻旧迹，得其八九，于每景之下，略叙数语，记其位置，使游者亦知名胜胜地不必远求也。子言之短序与五绝，仍附于每景之下，以示不忘其本云。

民国二十七年仲夏增江黄锡凌于犹贤斋。

从黄锡凌这篇于广州沦陷前夕的"民国二十七年仲夏"（即1938年7月。广州沦陷时为1938年10月23日）的序言来看，当时各校是组织了服务团下乡做动员抗日工作的，其中仅岭

中山大学师生组织战地服务团赴前线慰问

南大学（今中山大学前身）黄锡凌所率领的一队即深入到瑶溪附近各村做广泛的宣传动员工作，同时亦收到了"唤起民众增强抗敌之决心"的明显效果。如：

——我党领导的广州市区游击第二支队（简称"广游二支队"），曾发展到300多人，估计其中就有不少河南各村的村民。仅沥滘村在抗战中牺牲的就有卫国尧等8位烈士。

——1945年5月中旬，广东人民抗日游击队珠江纵队第二支队在小洲村开展抗日活动时，遭遇伪军突然袭击。战斗中，政委邝明等8人壮烈牺牲，其中可能亦有河南本地的村民。

——1938年10月27日，即广州沦陷后第四日，日本侵略军到敦和乡天池村（大塘村）扫荡，村民收集武器弹药，联集起1200人，以李亦濂为总指挥，对日军进行英勇的抵抗，毙敌40多人，

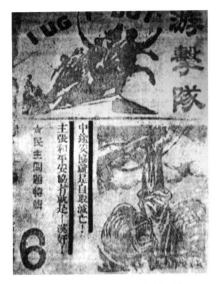

抗战时期中共广州市委机关刊物

沉重打击了日军。此役，乡民亦伤亡了52人。

仅仅是上列从几则史料记载中节选的资料，足见当年河南（海珠区）人民奋起反抗日本侵略军的英勇。当然，河南地区人民的抗日史实一定不止这些，只是我一个八十多岁的老人再难亲上档案馆、图书馆去翻查旧档案、旧报纸。

不过，从以上掌握的几则史料，已经可以窥见河南地区人民在抗日斗争中的英勇表现，也算是我对今年世界反法西斯战争胜利70周年的一个纪念。

后
记

在中国共产党成立100周年之际，我们谨将《广州市海珠区革命老区发展史》献给全区共产党员和广大读者，表达我们对为革命和建设事业付出巨大牺牲、做出极大贡献的海珠人民表示崇高的敬意和衷心的感谢！

编纂该书既是中国老区建设促进会的统一部署，更是中共海珠区委党史研究室义不容辞的重要职责。在本书编纂过程中，得到了海珠区委办公室、区政府办公室、区委组织部、区委宣传部、区国家档案馆、区发改局、区科工商信局、区文广旅体局、区统计局、区地方志办公室等有关部门和南洲等街道以及沥滘经济联合社的大力支持和帮助。同时，我们还得到了热心党史研究的老前辈罗国雄、谭乃忠、陈炳恒等老领导、老同志的宝贵意见和无私帮助。他们抱着严谨、科学的态度，对文字材料和照片进行了修订、甄选，为《广州市海珠区革命老区发展史》编辑成书、付梓出版，奠定了厚实的基础。

《广州市海珠区革命老区发展史》的征研、编辑和出版工作，一直得到中共海珠区委常委、组织部部长陆世泽同志的关注及指导；中共海珠区委组织部常务副部长黄智勇同志全程参与本书的文稿征选、修订。我们对所有给予本书关注、帮助和支持的单位和同志一并表示衷心的感谢！

由于编者经验和水平有限，不足之处在所难免，恳请读者批评指正。同时，欢迎社会各界提供有关海珠区历史发展的照片和资料，为我们今后更好地编辑出版海珠区历史作品积累更多素材。

编　者
2020年8月

广东人民出版社　党政精品图书

围绕中心，服务大局，做最具高度、深度和温度的主题出版物

中宣部主题出版重点出版物

《中华人民共和国通史》（七卷本）

· 全国第一部反映中华人民共和国70年光辉历程的多卷本通史性著作
· 中央党校、中央党史和文献研究院权威专家倾力打造

《账本里的中国》

一册册老账本，串起暖心回忆，讲述你我故事，体味民生变迁。

《全国革命老区县发展史丛书·广东卷》

· 挖掘广东120个革命地区的红色记忆
· 中国老区建设促进会牵头组织

《红色广东丛书》

· 广东省委宣传部重点主题出版物
· 传承红色基因，弘扬革命精神

本书配有智能阅读助手，为您1V1定制

《广州市海珠区革命老区发展史》阅读计划

帮助您实现"时间花得少，阅读体验好"的阅读目的

建议配合二维码一起使用本书

您可根据自己的学习需求，量身定制专属于您的阅读计划：

阅读服务方案	阅读时长指数	为您提供的资源类型	帮助您达到以下学习目的
1. 高效阅读	阅读频次 较低　每次时长 较短　总共耗费时长	总结类	快速学习和掌握红色精神。
2. 轻松阅读	阅读频次 较高　每次时长 适中　总共耗费时长	基础类	简单了解革命老区的历史。
3. 深度阅读	阅读频次 较高　每次时长 较长　总共耗费时长	拓展类	继承和发扬红色精神，推动老区发展。

针对您选择的阅读计划，您可以享受以下权益：

立刻获得的主要权益

▶ **专享本书社群服务**：提供创造价值与私密的深度共读服务，群分享阅读干货，发起话题探讨
▶ **1套阅读工具**：辅助您高效阅读本书，终身拥有

每周获得的主要权益

▶ **专属热点资讯**：16周社科文学类资讯推送，每周2次
▶ **精选好书推荐**：16周文学社科热门好书推荐，每周1次

长期获得的主要权益

线下读书活动推荐：精选活动，扩充知识开拓视野 不少于1次

抢兑礼品：免费抽取实物大礼 不少于2次限时抽奖

微信扫码

添加智能阅读助手

只需三步，获取以上所有权益：
1. 微信扫描二维码；
2. 添加智能阅读助手；
3. 获取本书权益，提高读书效率。

※ 鉴于版本更新，部分文字和界面可能会有细微调整，敬请包涵。